# प्रत्याशा

[ *कहानी संग्रह* ]

नेशनल
पेपरबैक्स

4230/1, अंसारी रोड, दरिया गंज, नयी दिल्ली 110002

# प्रत्याशा

राकेश भारतीय

# नेशनल पेपरबैक्स

4230/1, अंसारी रोड, दरिया गंज, नयी दिल्ली 110002

*शाखा*

प्लाट नं. 28, गणेश नगर कॉलोनी, वेस्ट मारडपल्ली
सिंकदराबाद 500026 (तेलंगाना)

फोन : 9395314841 / ई-मेल : hpdmalik@hotmail.com

पुस्तक का पेपरबैक संस्करण भी उपलब्ध

ISBN 978-93-88658-62-1

**मूल्य : ₹ 300** (*सजिल्द*)

नेशनल पेपरबैक्स, 4230/1, अंसारी रोड, दरिया गंज, नयी दिल्ली 110002 द्वारा प्रकाशित / प्रथम संस्करण : 2019 /  / सागर कलर स्कैन, नयी दिल्ली, द्वारा मुद्रित।

---

फोन : (011) 41040710, 47014602
ई-मेल : nationalpaperbacks2018@gmail.com

स्वर्गीय पिता

**रजनीकांत श्रीवास्तव**

को समर्पित

# क्रम

# प्रत्याशा

टोली उस पतले से खड़ंजे पर बीच-बीच में पड़ रहे कूड़े-कचरे से पैर बचाते हुए चलती चली जा रही थी। ग्रामप्रधान और तीन-चार ग्रामीण साथ चल रहे थे और वार्त्तालाप इस मुद्दे पर केंद्रित था कि गन्ने की खेती इस गांव में कम क्यों होती जा रही है?

"परधान जी, इन्हैं समझाओ।" एक ग्रामीण ने झल्ला कर कहा।

"अब बात तो आपकी सही है कि गन्ने की खेती कई तरह से फायदेमंद है, पशुओं के चारे की व्यवस्था भी साथ-साथ हो जाती है। पर दिक्कतें भी हैं। फसल खड़ी करें मेहनत से और चीनी मिलें गन्ने का पैसा देने में देर पर देर..."

"सालों दौड़ावें। हमारा गन्ना और दिखावें जैसे पैसे दान में दे रहै।" वही ग्रामीण बात काट कर बोला।

चंद्रमोहन इस पर टिप्पणी करने को मुंह खोले ही थे कि जूता चप्प से कीचड़ में पड़ गया।

"संभल के साहब, गांव है।" ग्रामप्रधान हँसकर बोला।

चंद्रमोहन के चेहरे पर एक फीकी-सी मुसकराहट उभरी। फिर उन्होंने जूते की तली को एक उभरी हुई ईंट के किनारे से रगड़कर थोड़ा साफ कर लिया।

वैज्ञानिकों के एक महत्त्वाकांक्षी प्रशिक्षण-कार्यक्रम 'ग्रामीण इलाकों के लिए विज्ञान' के अंतर्गत तीन दिनों के अनिवार्य ग्राम-भ्रमण में पांच-पांच वैज्ञानिकों की तीन टोलियां तीन गांवों में सुबह का नाश्ता करने के बाद अलग-अलग निकल जाती थीं और शाम को वापस गेस्टहाउस में एकत्रित हो जाती थीं। कालूबांस गांव में चंद्रमोहन की टोली का यह दूसरा दिन था।

लंबा चक्कर लगाकर सारे लोग ग्रामप्रधान के दालान में बैठ गये। प्लास्टिक से लेकर लकड़ी की बनी अलग-अलग डिजाइन की कुर्सियां स्पष्ट बता रही थीं कि उनका मूल घर एक नहीं है।

"थक गये होगे आप लोग। अभी गन्ने का रस पिलवाते हैं।" ग्रामप्रधान बोला।

सामने बैठे वैज्ञानिक जोशी के चेहरे पर परेशानी का भाव आया। फिर उन्होंने धीरे से कहा, "मुझे शुगर की प्राब्लम है। मेरे लिए फीकी चाय बनवा दें।"

"कोई दिक्कत नहीं।" और ग्रामप्रधान ने अंदर की ओर आवाज मारकर वैसा

निर्देश दे दिया।

चंद्रमोहन ने बैठे हुए लोगों पर एक नजर घुमायी तो चौंककर बोले, "अरे, हरि सिंह कहां छूट गया?"

अब सबको यह अहसास हुआ कि वैज्ञानिक हरि सिंह उपस्थित नहीं हैं।

"घूम-फिर कर आ जायेंगे," ग्रामप्रधान बोला।

"ही हैज अ पिक्यूलियर स्टाइल ऑफ लुकिंग एट थिंग्स।" रेड्डी ने टिप्पणी की।

"दैट्स बिकॉज ही इज अ पिक्यूलियर साइंटिस्ट।" अभ्यंकर ने इतना जोड़ा तो दोनों वैज्ञानिकों के सम्मिलित आंग्लभाषी परिहास में किसी और ने किसी भी तरह से रुचि नहीं दिखाई।

जोशी की चाय पहले आ गयी। उन्होंने चुस्की लेते हुए एक बुजुर्ग ग्रामीण से पूछा, "क्या आप लोग पहले भी इतनी सारी सब्जियां उगाया करते थे?"

"नांय," बुजुर्ग बोले।

"सब्जी अच्छा पैसा दे जावे है।" एक ग्रामीण ने इतना कहा तो ग्रामप्रधान ने चंद्रमोहन की ओर मुंह घुमाकर कहा, "हमारे गांव के सब्जी उगाने वाले आपके बिग्यान का बड़ा फायदा उठाते हैं। मंडी में मोबाइल लगाकर ताजा भाव पता कर लेते हैं।"

तभी बड़े-बड़े गिलासों में गन्ने का रस आ पहुंचा।

"नींबू मिला दिया?" ग्रामप्रधान ने लाने वाले लड़के से पूछा।

लड़के ने 'हां' की तो अभ्यंकर ने आश्चर्य से पूछा, "गन्ने में नींबू मिलाने की क्या जरूरत है?"

'हः हः' कर हँसते हुए ग्रामप्रधान बोल पड़े, "पीकर देखो, साहब! जीभ सुरसुरा जायेगी।"

सबने एक-एक चुस्की ली पर टिप्पणी सिर्फ चंद्रमोहन ने की, "स्वाद वाकई अच्छा है।"

तभी हरि सिंह आता दिख गया।

बैठते ही जो उसे रस का गिलास पेश किया गया तो हरि सिंह ने गंभीर मुद्रा में कहा, "रस-वस तो ठीक है पर इस गन्ना-बेल्ट में गन्ने क्यों कम दिख रहे हैं?"

"हमलोग पहले ही इस पर बात..." चंद्रमोहन का वाक्य आधा ही उच्चारित हुआ था कि ग्रामीणों के जमावड़े से कई आवाजें लगभग एकसाथ उठीं:

"बरखा जियादा पड़ेगी तो गन्ना मार खायेगा ही..."

"बंदर बड़ा उत्पात मचावे हैं..."

"और नीलगाय भी..."

"किसान को गन्ने का पैसा बखत से नाहीं मिले..."

हरि सिंह ने सारी आवाजों के मध्य गिलास एक सांस में खाली कर दिया और बारी-बारी से सबके चेहरे पर नजर डालते हुए धीरे से कहा, "ये तो छोटी समस्याएं हैं।"

एक बुजुर्ग ग्रामीण अपनी जगह से उठकर हरि सिंह के पास आये और किंचित् मखौल में बोले, "सहर के साहब लोगन को गांव की परेसानी छोटी ही लगे।"

"नहीं, ताऊ, वो बात नहीं।" और हरि सिंह ने अपनी जेब से एक डायरी निकालकर उन बुजुर्ग से पूछा, "बताइए, आज से बीस-पच्चीस साल पहले जमीन में कितने फिट नीचे पानी मिल जाता था?" बुजुर्ग सोच में पड़ गये तो हरि सिंह ने तड़ से कहा, "मात्र तीस फिट नीचे। मैं घूम-घूम कर बड़े-बूढ़ों से पूछ आया हूं।"

रेड्डी के मुंह से निकले, तो तुम अलग सर्वे कर रहे थे-को नजरंदाज कर हरि सिंह ने चंद्रमोहन से कहा, "सर, आज से तीस साल पहले यहां के शिव मंदिर का कुआं पीने के पानी का एकमात्र सोर्स होता था। आज की तारीख में इस गांव में तैंतीस हैंडपंप हैं। सिंचाई की भी समस्या नहीं है। दो ट्यूबवेल सरकारी सहायता से लगे हैं और बीस प्राइवेट ट्यूबवेल हैं..."

उसकी बात पर परस्पर विरोधी आंकड़ों को समेटे कई आवाजें उभरीं। ग्रामप्रधान ने हाथ उठाकर कहा, "तसल्ली रखो।"

अभ्यंकर ने चंद्रमोहन की ओर देखा। चंद्रमोहन ने ग्रामप्रधान से कहा, "समस्या को विज्ञान की आंखों से देखने पर फायदा ही होता है।"

"जी!" इतना कहकर ग्रामप्रधान ने थोड़ा हटकर खड़े एक युवक की ओर इशारा कर कहा, "हमारे गांव में भी बिग्यान पढ़े लड़के हैं।"

युवक ने हाथ पैंट की जेबों से निकाले और कहा, "गांव में तो हाईस्कूल तक ही पढ़ सकते हैं। उससे आगे पढ़ने के लिए धनोरी जाना पड़ता है। साइकिल से तीस किलोमीटर जाना और उतना ही आना थका देता है।"

"चलो, आपलोगों को स्कूल दिखा लायें," ग्रामप्रधान ने कहा। सारे वैज्ञानिक कुर्सियों से उठ खड़े हुए।

"इस गांव में ज्यादातर मकान पक्के हैं।" चलते हुए जोशी ने टिप्पणी की तो अभ्यंकर ने ग्रामप्रधान की ओर मुड़कर कहा, "पर ज्यादातर पक्के मकान हाल के ही बने लगते हैं।"

साथ चल रहा एक ग्रामीण जोर से हँसा। फिर बोला, "जिनने हैबे से लगी जमीन बेची, उनने मकान पक्के करा लिये।"

"हैबे!" रेड्डी ने प्रश्नवाचक मुद्रा में चंद्रमोहन की ओर देखा।

"हाइवे। रुड़की-हरिद्वार हाइवे। उसके बनने के बाद से आसपास की जमीनों की कीमतें दस गुना बढ़ गयी हैं। यह गांव भी हाल में समृद्ध हुआ है। थोड़ा भी ढंग का किसान अपना ट्रैक्टर रखता है और मोटरसाइकिलों की संख्या..."

हरि सिंह अपनी रौ में बोलता चला जा रहा था और उसकी ओर कनखियों से देख रहा ग्रामप्रधान चेहरे पर ऐसा भाव ला रहा था जैसे बेमतलब ही उसके गांव की समृद्धि की जासूसी की जा रही है।

सुनते-सुनते एक ग्रामीण बोल पड़ा, "अरे! बाबूजी, जिनकी जमीन नदी लील गयी उनकी भी तो सोचो।"

नदी की धारा बदलने से भूमिधर से भूमिहीन बन गये लोगों के बारे में जानकर वैज्ञानिकों को आश्चर्य हुआ। हरि सिंह कुछ कहने ही जा रहा था कि विद्यालय का भवन दिख गया और ग्रामप्रधान ने कहा, "यही हमारा हाईस्कूल है।"

वैज्ञानिकों ने स्कूल में करीब एक घंटा बिताया। एक ही कमरे में चल रही दो कक्षाएं, अध्यापकों की अपर्याप्त संख्या, कक्षाओं में लड़कियों की संतोषजनक उपस्थिति इत्यादि का अवलोकन करने के बीच वैज्ञानिकों ने पढ़ाई के स्तर पर भी थोड़ी उत्सुकता दिखाई तो विद्यार्थियों ने प्रतिक्रिया देने में रुचि नहीं दिखाई।

चलते समय हरि सिंह ने अध्यापकों से कहा, "आप लोगों को आपत्ति न हो तो बच्चों से मैं एक अलग तरह का प्रश्न पूछूं?"

"हां, हां," अध्यापकों ने तेजी से सहमति जतायी।

"वाटर-टेबल या जमीन के नीचे पानी का स्तर समझते हो?"

अपनी ओर प्रक्षेपित प्रश्न पर बच्चों के बीच से कोई उत्तर नहीं आया।

"अच्छा ये बताओ कि तुम्हारे गांव में पंप से पानी निकालने पर कितने फिट नीचे पानी मिलता है?"

"बहुत नीचे।" थोड़ी देर की चुप्पी के बाद एक लड़के ने हाथ उठाकर कहा।

"कितने नीचे?"

बच्चे के चेहरे पर परेशानी का भाव आया। जोशी ने उससे कहा, "बस अंदाज से ही बता दो।"

लड़के ने अपने अध्यापकों की ओर दृष्टि फेंकी। फिर हिचकते हुए बोला, "होगा कोई सौ फिट नीचे।"

अब तक चुपचाप सब सुन रहा ग्रामप्रधान बोला, "सौ फिट नीचे पानी मिले तो जमाना बीत गया।"

"सोचो इस पर। और ये भी सोचो कि इसका क्या कारण हो सकता है।"

बच्चों से इतना कहकर हरि सिंह ग्रामप्रधान से बोला, "प्रधान जी, ये बात आपको सोचने लायक लगी कि नहीं?"

"लगी, जरूर..."

चंद्रमोहन ने घड़ी देखते ही बात बीच में काटकर कहा, "अरे, हमलोग जल्दी चलें। साढ़े चार बज गये।"

वैज्ञानिकों को शहर लौटना था। ग्रामप्रधान के चाय-पान के आग्रह को विनम्रता से अस्वीकार कर वे लोग अपनी जीप की दिशा में तेजी से बढ़ चले।

"कल तो आना ही है, प्रधान जी। आज अधूरी रह गयी बात पर कल विस्तार से चर्चा करेंगे।" जीप में बैठते हुए हरि सिंह ने प्रधान से कहा।

जीप मुख्य सड़क तक के रास्ते की आधी धूल ही उड़ा पायी थी कि जोशी ने उसे एक मिनट रुकवा देने का अनुरोध किया।

वापस जीप में बैठने पर जोशी ने कहा, "शुगर होने का यही प्रॉब्लम है। प्रेशर बनता भी जल्दी है और बर्दाश्त भी नहीं होता।"

रात के खाने के बाद गेस्टहाउस में वैज्ञानिकों की तीनों टोलियां अपने-अपने अनुभव बयान करने में लगी थीं।

रेड्डी ने कहा, "हरि सिंह ने मानूबांस गांव का सिंगल हैंडेडली सर्वे कर डाला।"

"ओ!" दूसरी टोली के एक वैज्ञानिक माधवन ने भौंहें चढ़ाकर हरि सिंह की ओर देखा और कहा, "व्हाट सर्वे, ब्रदर? शेयर विद अस।"

हरि सिंह मुसकराया। फिर माधवन से प्रतिप्रश्न किया, "तुम्हारे वाले गांव में वाटर टेबल की क्या पोजीशन थी?"

किंचित् आश्चर्य का भाव लाकर माधवन ने कहा, "नो आइडिया, ब्रदर। अवर्स इज अ विलेज डॉमिनेटेड बाई ड्रंकर्डस। सो दे मे नॉट बी बॉदर्ड अबाउट वाटर..."

"हो, हो..." के सामूहिक घोष के बीच दूसरी टोली के अन्य वैज्ञानिकों ने उस गांव के मजेदार अनुभव बयान करने शुरू कर दिये।

किस्से थमे तो हरि सिंह ने आहिस्ता से पास बैठे वैज्ञानिक से कहा, "और भाई माथुर! तुम्हारी टोली की तो बात ही नहीं हुई।"

माथुर ने किस्से के अंदाज में कुछ शुरू करना चाहा तो हरि सिंह ने चंद्रमोहन को लक्ष्य कर कहा, "सर, सुना जाये कि माथुर की टोली ने अपने गांव में कौन-सी ऐसी समस्या देखी जिसमें हम वैज्ञानिक कोई समाधान प्रस्तुत कर सकते हैं।"

"ओऽऽ येस् ! दैट इज द मैन्डेट ऑफ अवर विलेज अटैचमेंट।" एक और वैज्ञानिक ने हरि सिंह का समर्थन किया।

"हमारे गांव बीसलपुर की समस्या है बीज और खाद डालने का मनमाना तरीका," माथुर ने कहा।

"मनमाना!" जोशी का मुंह आश्चर्य में उधर घूम गया।

"हां, मनमाना। बुवाई लेट करते हैं। खाद डालने का सिस्टम भी तय नहीं है। पूछने पर कहते हैं कि हमारे बाप-दादे भी ऐसे ही खेती करते थे।"

"बैकवर्ड विलेज है क्या?" रेड्डी ने पूछा।

"ऐसा कोई बैकवर्ड नहीं। अच्छी-खासी मिट्टी है। वैज्ञानिक ढंग से तो दूर, कॉमनसेंस से ही खेती करें तो उपज प्रति एकड़ कम-से-कम डेढ़ गुनी..." माथुर अपनी राय को तथ्यों से पुष्ट कर व्यक्त करता रहा।

थोड़ी देर बाद माधवन ने हरि सिंह की ओर मुड़कर कहा, "ब्रदर, व्हाट अबाउट द वॉटर-टेबल? वी डेवियेटेड फ्राम दैट इश्यू..."

बातों के केंद्र में हरि सिंह का उठाया मुद्दा वापस आ गया।

मानूबांस का पूरा जुगराफिया बयान करने के बाद हरि सिंह ने कहा, "जिस गांव से नदी मात्र दो किलोमीटर दूर है, उसमें यह कहना बड़ा अजीब लगता है कि पानी का स्तर दिनोदिन और नीचे जा रहा है। और ज्यादातर गांव वाले इस समस्या से वाकिफ हैं भी।"

"लेट अस कम टु द प्वाइंट साइंटिफिकली। वाटर-टेबल क्यों नीचे जा रहा है," माथुर बोला।

"मैं इसी बात पर आ रहा था," हरि सिंह ने कहा।

"वहां से लौटकर आज हमारी टीम में भी इस पर बात हुई जो गौर से सबके सुनने लायक है।" चंद्रमोहन ने इतना जोड़ा तो सबके चेहरे हरि सिंह की ओर मुड़ गये।

हरि सिंह दो क्षण जैसे किसी सोच में डूब गया। फिर वैज्ञानिकों की तरफ एक सवाल उछाल दिया, "आप लोगों ने इन गांवों में लगे पेड़ों के पैटर्न को ध्यान से देखा है क्या?"

कई मत, कई सूचनाएं अलग-अलग अंदाज में व्यक्त होकर हरि सिंह के सामने आयीं तो वह बोला, "कुछ चीजें कॉमन हैं। पर मेरे गांव मानूबांस में लगे हुए पेड़ों का एक पैटर्न बहुत चिंताजनक है। लगभग हर खेत की मेड़ पर मात्र दो-दो फिट की दूरी पर पापलर के पेड़ लगे हुए हैं।"

"पापलर?" माधवन ने न समझ पाने के भाव से कहा तो जोशी ने स्पष्ट किया, "बॉटनिकल नेम पॉपलस नाइग्रा। इसकी लकड़ी से माचिस बनती है।"

आकार-प्रकार समझ में आने पर माधवन बोला, "अवर विलेज हैज सच ट्रीज बट यूकिलिप्टस इज आल्सो देयर।"

"हमारे वाले गांव में भी पापलर और यूकिलिप्टस के पेड़ तो लगे दिखे, पर ऐसा नहीं कि दो-दो फिट की दूरी पर लगाकर मेड़ ही पाट दी जाये। तुम्हारे वाला गांव ही कुछ विचित्र लगता है, हरि!"

माथुर ने भी अपनी सूचना दी।

कुछ और वैज्ञानिकों ने चर्चा आगे बढ़ायी तो रेड्डी ने मसखरे अंदाज में कहा, "अवर विलेज मानूबांस बीइंग अ पिक्यूलियर विलेज वाज ऑल दीज इयर्स वेटिंग टु बी क्रिटिकली एक्जामिन्ड बाई अ पिक्यूलियर साइंटिस्ट लाइक हरि सिंह!"

चंद्रमोहन ने उसकी ओर थोड़ी खीज से देखा। हरि सिंह समेत किसी अन्य वैज्ञानिक ने रेड्डी की मसखरी का नोटिस तक नहीं लिया।

हरि सिंह ने आगे कहा, "गांव तक के रास्ते में यूकिलिप्टस और पापलर के पेड़ तो मैंने नोट किये थे, पर इस गांव में पहुंचकर तो मैं दंग रह गया। मेड़-दर-मेड़ पापलर के पेड़ों से पटी पड़ी है। लगा जैसे खेत के बजाय इन पेड़ों के बाग में खड़े हैं। ऐसे पानी खींचने वाले पेड़ों की भरमार हो जायेगी तो वॉटर-टेबल नीचे जाना-ही-जाना है।"

"दैट्स इट। दीज विलेजर्स नीड टु बी साइंटिफिकली मेड अवेयर ऑफ द डैंजर्स ऑफ मास प्लांटेशन ऑफ सच ट्रीज।"

माधवन की बात सुनकर चंद्रमोहन बोले, "हमलोगों ने अपनी टीम में यही बात तय की है। कल की विजिट में हम गांव वालों को अपनी तरफ से पूरी कोशिश कर आगाह करेंगे। पापलर के पेड़ न सिर्फ बहुत पानी खींचते हैं, ये जमीन को खारा भी बनाते जाते हैं। पानी नहीं मिलेगा, जमीन खेती लायक नहीं रहेगी..."

"वी हैव टु गेट अप अर्ली टुमारो टु प्रोसीड टु द विलेजेज।" माधवन ने टोका।

सबको अहसास हुआ कि बातों-बातों में काफी रात हो गयी है। चर्चा कल तक के लिए स्थगित हो गयी।

नाश्ता करने के बाद तीन अलग-अलग जीपों में सवार होकर तीनों टोलियां ग्राम-भ्रमण के आखिरी दौर के लिए निकल गयीं। चलते समय माधवन ने हरि सिंह से कहा था:

"गुडलक, ब्रदर। वी हैव ओनली सुपरफीशियल साइंटिफिक सजेशंस टु ऑफर टु विलेजर्स। यू हैव सम हेवी स्टफ टु रैम थ्रू देयर लिमिटेड मेंटल फैकल्टीज।"

हरि सिंह बस मुसकराकर रह गया था।

एक बार फिर मानूबांस के ग्रामप्रधान के दालान में वैज्ञानिकों की टीम बैठी हुई थी। इस बार गन्ने के रस के बजाय चाय पेश हो रही थी, गरमागरम प्याज के पकौड़ों के साथ।

चंद्रमोहन ने घड़ी देखी। फिर ग्रामप्रधान से पूछा, "कब तक आने को कहा था?"

"आ तो जाना चाहिए था अब तक," ग्रामप्रधान बोला।

एक बुजुर्ग ग्रामीण बोले, "आप शुरू करो। वो न आवें। जामें माल-पानी का डौल हो वहीं उनकी सवारी रुके।" कई ग्रामीण हँस पड़े। प्रतीक्षा बी.डी.ओ. की हो रही थी जो स्थानीय प्रशासन के प्रतिनिधि के रूप में वैज्ञानिकों के दल से समापन-बातचीत के समय उपस्थित रहने वाले थे।

चंद्रमोहन ने आसपास एकत्र विभिन्न आयु-वर्गों के ग्रामीणों पर एक नजर घुमायी और फिर गला खंखार कर कहा, "हमारी वैज्ञानिक-टीम को आपके गांव में तीन दिन गुजारने का मौका मिला। इस दौरान इस गांव की कुछ छोटी-बड़ी समस्याओं पर हमारा ध्यान गया और हमने अपनी बुद्धि से निदान खोजने की कोशिश की। हमारे साथी इस बारे में एक-एक कर बतायेंगे।"

रेड्डी बोला, "हमारा हिंदी का थोड़ा प्राब्लम है पर बतायेगा..." और उसने मंत्रालय के अनुदान से आगरा के एक कृषि महाविद्यालय द्वारा बनायी गयी मृदा-परीक्षण किट के बारे में जानकारी देते हुए मिट्टी की जरूरत के अनुसार ही उचित मात्रा में खाद देने के फायदे को गिनाया। कुछ ग्रामीण उसके उच्चारण पर मुसकराते रहे तो कुछ और सलाह को गंभीरता से लेते हुए अपनी शंकाओं का समाधान करते रहे।

इसके बाद जोशी ने विशेष रूप से गन्ने की फसल पर उपयोगी सुझाव देते हुए इल्लियों से होने वाले नुकसान को रोकने के लिए प्रति लीटर पानी में दो मिलीलीटर एन्डोसल्फान मिलाकर छिड़काव करने पर जोर दिया।

अंत में हरि सिंह की बारी आयी। चंद्रमोहन ने एक तरह से भूमिका बांधते हुए कहा भी कि हरि सिंह कुछ ज्यादा ही गंभीर समस्या पर बात करेंगे।

"क्या आप लोग नहीं चाहते कि आपके पोते-पड़पोते इस गांव में आबाद रहें?" अपनी ओर उछाले गये इस अप्रत्याशित प्रश्न पर चौंककर अलग-अलग ढंग से भंगिमा बनाते हुए ग्रामीणों में से एक बुजुर्ग अपनी जगह से आगे बढ़कर हरि सिंह के निकट आये और बोले:

"ये क्या बेतुकी बात कर रहे हो?"

"काका! आप लोगों के काम ही ऐसे हैं कि ऐसी बात दिमाग में आयेगी।" सपाट चेहरे से इतनी बात कहकर हरि सिंह चुप हो गया। अस्फुट या स्पष्ट स्वर में ग्रामीणों की कुछ तीखी प्रतिक्रियाएं हवा में तैरीं और चंद्रमोहन की पेशानी पर परेशानी की कुछ लकीरें उभरीं।

"आप ही लोग मुझे बतायें कि ज्यादा अरसा नहीं हुआ जमीन में तीस फिट नीचे पानी मिल जाता था। आज दो सौ फिट पर पानी मिल रहा है। दस साल बाद शायद चार सौ फिट पर मिले अगर आप लोगों की करनी नहीं सुधरी तो।"

बात थोड़ी समझ में आते ही और ग्रामीणों को शांत करते हुए ग्रामप्रधान ने

कहा, "साहब! आप अपनी बात का खुलासा करो, तब तो ये लोग समझें।"

हरि सिंह ने बुजुर्ग से ग्रामीण की ओर देखते हुए पूछा, "काका! आप जब मेरी उम्र के थे तो मेड़ों पर सफेदे और पापलर के पेड़ लगते थे?"

बुजुर्ग ने नकार में सिर हिलाते हुए कहा, "नाम नहीं सुना था इनका किसी ने तब।"

"और आज आपके खेतों की मेड़ें भरी हुई हैं इनसे। मैं इन तीन दिनों में घूम-घूमकर देखता रहा हूं। आजतक पचासों गांवों में जाने का अवसर मिला पर इस गांव जैसा एक गांव नहीं देखा था कि हर डेढ़-दो फिट पर पापलर का पेड़ लगा रखा है। खेत को कोई दूर से देखे तो खेत न समझकर पापलर का बाग समझ बैठे। पता है कि ऐसे पेड़ आपको क्या हानि पहुंचा रहे हैं?"

कुछ ग्रामीणों की बातों से लगा कि हानि के प्रति कुछ जानकारी तो है। एक युवक आगे बढ़कर बोला, "पापलर बहुत पानी खींचता है, यूकिलिप्टस भी। तना काटो तो दो बालटी पानी भर जाये चूते हुए पानी से।"

हरि सिंह के चेहरे पर क्षीण-सी मुसकान उभरी। ग्रामप्रधान ने उस युवक को कनखियों से देखा।

अब हरि सिंह बुजुर्ग की ओर मुड़ा:

"काका! आप यहां इकट्ठा सारे लोगों में सबसे बड़े लग रहे हो। अब बताओ कि ये तुक की बात है कि बेतुकी। पानी खींचने वाले पेड़ों से गांव के खेत भर दोगे तो जमीन के नीचे का पानी किसकी करनी से नीचे जाता हुआ माना जायेगा?"

बुजुर्ग ने ग्रामप्रधान की ओर देखा जो चुप्पी साधे बैठा था पर चेहरे से थोड़ा परेशान दिख रहा था।

अचानक एक अधेड़-सा ग्रामीण हरि सिंह की ओर हाथ फेंककर बोला, "इन्हें क्या समझ है किसान की परेशानी की? हाथ में चार पैसे को तरस जाये किसान। भगवान् भला करे सूरत बाबा के खानदान का। माचिस की फैक्टरी से सीधे सौदा करने की राह दिखाई गांव को। पेशगी पैसा मिल रखा है पापलर का। सूरत बाबा की किरपा से आज हर चौथे घर में ट्रैक्टर..." वह ग्रामीण देर तक बोलता रहा।

इस बीच हरि सिंह ने ग्रामप्रधान से सूरत बाबा के बारे में पूछा तो उसकी असहज भंगिमा और असहज हो गयी। बुजुर्ग ग्रामीण ने ही अंततः बताया कि सूरत ग्रामप्रधान के पिता थे।

हरि सिंह की भौंहें सिकुड़ीं। फिर उसने चंद्रमोहन की ओर नजर डाली। चंद्रमोहन थोड़े आशंकित से जरूर लग रहे थे पर उनका सकारात्मक इशारा पाकर जोशी ने हरि सिंह की बात को आगे बढ़ाया, "एक और बात बड़ी चिंता की है।

पापलर जैसे पेड़ पानी का स्तर नीचे करते जायेंगे और साथ-ही-साथ मिट्टी को खारा बनाते जायेंगे। इसका पत्ता जब सूख कर खेत में गिरता है तो सड़ कर मिट्टी को और..."

जोशी की बात काटकर कई ग्रामीण ऊंचे सुर में बोलने लगे। हरि सिंह ने बात का सिरा फिर पकड़ना चाहा तो वही अधेड़ ग्रामीण लगभग डपट ही पड़ा, "तुम चाहते हो सारी मलाई सहर के लोग ही काटें? गांव का आदमी कोई इच्छा न रखे?"

बुजुर्ग ग्रामीण बोले, "अरे, रामजियावन! बाबू की बात तो सुन। हमारे भले की बात ही कहे हैं।"

बुजुर्ग और अधेड़ की थोड़ी बतबड़ हुई। कुछ और ग्रामीण भी उसमें शामिल हो गये तो थोड़ी देर बाद ग्रामप्रधान के मुंह से एक वाक्य निकला, "शांति रखो, भाई लोगो!"

चंद्रमोहन ने घड़ी देखी और फिर देखा अपने साथी वैज्ञानिकों के चेहरों को। रेड्डी बोला, "बोत टाइम हो गया।"

देर तक चुप ही बैठे अभ्यंकर ने चंद्रमोहन से कहा, "इट विल बी फेयर टु लेट हरि डेलिवर द पार्टिंग स्पीच।"

चंद्रमोहन अपनी जगह से उठकर खड़े हो गये और थोड़ा जोर लगाकर बोले, "मानूबांस के लोगों ने तीन दिन तक हमें जिस स्वागत-सत्कार से रखा, उसके लिए हम सारे वैज्ञानिक इस गांव को धन्यवाद देते हैं। हमारा ज्ञान-विज्ञान आप लोगों के थोड़ा भी काम आये तो हमारा आना सफल हो जायेगा। जाते-जाते हमारी टोली की ओर से हरि सिंह जी आपसे दो शब्द जरूर कहना चाहेंगे।"

हरि सिंह किसी सोच में डूबा हुआ-सा उठा और उठकर एक क्षण जैसे शून्य में देखता रहा। फिर बोला, "मेरी बात से किसी को तकलीफ हुई हो तो माफी चाहता हूं, पर मैंने जो भी कहा वह आप लोगों के हित को ध्यान में रखकर कहा। मैं खुद एक किसान का बेटा हूं। जमीन उपजाऊ ही न रहेगी, खेतों को पानी का ही टोटा पड़ जायेगा तो गांव-गांव न रहेगा। आप लोगों से मेरी विनती है कि इस समस्या पर सोचो। अपने पोतों-पड़पोतों को ध्यान में रख कर सोचो। आज की तारीख में हाथ खुला रखने के जुगाड़ में आपके पोतों-पड़पोतों की कंगाली की नींव पड़ती है तो इसमें कौन-सी बुद्धिमानी है, इस सवाल पर सोचो। बस, मेरी इतनी ही विनती है।"

इस बार ग्रामीणों के बीच से कोई आवाज न उठी। अपने कागज समेटते हुए सारे वैज्ञानिकों ने जीप की ओर बढ़ने का उपक्रम किया।

जीप तक छोड़ने आये ग्रामप्रधान और कुछ अन्य ग्रामीणों की ओर विदा के हाथ हिलाकर वैज्ञानिक लोग अंदर बैठ गये और फिर धूल उड़ाती हुई जीप मुख्य

सड़क की ओर जाने वाले रास्ते पर बढ़ चली।

जीप गांव के हाईस्कूल के पास से गुजरी ही थी कि सामने रास्ते में कोई जोर-जोर से हाथ हिलाकर रुकने का संकेत करते हुए नजर आया।

रोको, भाई!" सामने ही बैठे हुए हरि सिंह ने ड्राइवर से कहा।

जीप थोड़ा पहले ही रुक गयी। भागकर पास आती हुई आकृति स्पष्ट हुई तो हरि सिंह थोड़ा चौंका। मानूबांस गांव का वही लड़का था जिसका परिचय 'विज्ञान' पढ़े हुए के रूप में दिया गया था। उसके हाथ में एक पुरानी-सी लगती डॉयरी थी। उसे हरि सिंह की ओर बढ़ाते हुए वह बोला, "वहां सबके बीच मैंने ठीक नहीं समझा पर मुझे आप लोगों के पते और फोन-नंबर चाहिएं। इस डॉयरी में लिख दें।"

एक अवर्णनीय मुसकान को होंठों पर फैलाते हुए हरि सिंह ने कलम निकाली।

# पन्टी

घर में घुसते ही धीरज को विवान नजर नहीं आया तो उसने पत्नी से पूछा: "कहां है अपना राजकुमार?"

"आया ही नहीं खेल कर।"

"अच्छा!"

"मैच चल रहा होगा। सारे दोस्त बतियाते जा रहे थे कि मैच जीत कर रहना है।"

"कौन-सा मैच?"

"पता नहीं। हर हफ्ते नयी टीम बनती रहती है।" सरला इतना कह कर चौके की ओर बढ़ गयी।

पत्नी की बस यही बात धीरज को खटक जाती है। इतने बड़े मोर्चे पर लगा हुआ है पर इसे कुछ जानने की कोई रुचि नहीं। वह खुद से बताये तो कह देगी, 'तुम्हारे कामधाम की बात तो तुम्हीं समझ सकते हो।'

'हां, मैं तो समझ ही रहा हूं। नौकरी छोड़कर इतना बड़ा जोखिम उठाया है, कुछ तुम भी समझो न। घरेलू महिला होने का मतलब ये तो नहीं कि सोचना-समझना बंद कर दो।'

"ठऽ क्।" बैट को फर्श पर पटकते हुए विवान आंधी की तरह घुसा। बेटे के तने हुए चेहरे पर एक नजर डालकर धीरज बोला, "क्या हुआ मैच में?"

झुंझलाया हुआ-सा विवान बोला, "डी ब्लॉक की टीम ने पन्टी कर दी।"

"पन्टी!" धीरज ने बेटे को अविश्वास से देखा।

"हां, पन्टी। मैंने कहा था कि मत फिक्स करो मैच इनसे। अनमोल और इरफान माने ही नहीं। लो, हो गया मैच। डी ब्लॉक ने चौथे ओवर में ही पन्टी कर दी।"

"पर पन्टी क्या है?" धीरज ने हँसकर पूछा।

"पन्टी पन्टी है। और क्या?" थोड़े चिढ़े हुए-से अंदाज में उत्तर देकर विवान ने फिर बैट उठाकर फर्श पर दे मारा और झटके से अंदर चल दिया।

नौ वर्षीय बेटे का क्रिकेट प्रेम जुनूनी था। अखबार से उसके क्रिकेट के समाचार काट-काटकर जमा करने पर सरला बड़बड़ाती, "बाप ही काफी नहीं थे

जैसे।"

पर धीरज उसे प्रोत्साहित करता। पत्रकारिता में रहने के कारण औरों के लिए अनजान तथ्यों तक पहुंच थी ही, उसमें से बेटे के मतलब की क्रिकेट-संबंधी बातें उसे बताता रहता। शायद इसीलिए विवान के दिमाग में बैठा हुआ था कि उसके पिता को बड़े-बड़े क्रिकेटर जानते हैं। आने वाली एकदिवसीय शृंखला के लिए उसने पिता से वायदा ले रखा था कि न सिर्फ मैच दिखाने ले चलेंगे, क्रिकेटरों से उसे मिलवायेंगे भी।

धीरज बेटे के बारे में सोच ही रहा था कि सरला चाय लेकर आ गयी। कप पकड़ाते हुए उसने धीरज से कहा, "न कुछ खाया न पिया। आकर पलंग पर पेट के बल पड़ गया। इस लड़के..."

"हुआ क्या?" चाय की घूंट लेकर वह बोला।

"उसकी टीम हार गयी होगी। और क्या होगा?"

धीरज के अंदर कुछ कौंध गया। फिर वह बुदबुदाया, "हार होती ही है बर्दाश्त के बाहर।"

"कुछ कहा आपने?" पत्नी ने उसकी ओर झुककर पूछा।

नकार में सिर हिलाकर उसने बाकी बची चाय एक सांस में गटक ली।

पत्रकारिता में उसके जैसे लोगों का काम कर पाना दिनोदिन मुश्किल होता जा रहा था। प्रबंधन के मुनाफाखोर दुराग्रहों पर पत्रकारिता के मूल्यों को कुर्बान होते चुपचाप देखने वाले पत्रकार तेजी से बढ़ रहे थे और उनमें से कुछ तो प्रबंधन के विश्वासपात्र बनने के लिए अपनी ही बिरादरी में घात लगा देते थे। ऐसे ही एक घात का शिकार हुआ था धीरज। योजनाबद्ध ढंग से उसे किनारे लगाया गया था। फिर वह बीस साल की बेदाग नौकरी के बाद अपने अखबार से एक झटके में बाहर हो गया। अपमानित होते चले जाना बर्दाश्त नहीं कर पाया था धीरज।

एक-डेढ़ महीना तो अंदर-ही-अंदर घुटते रहने में बीता। फिर धीरज ने अपनी सारी जमापूंजी का हिसाब लगाया और साथ ही हिसाब लगाया कि इतनी पूंजी से काम क्या शुरू कर सकता है? नौकरी अब वह किसी भी हालत में नहीं करना चाहता था। अकेले सोचते-सोचते जब कोई मुकम्मल राह नहीं दिखी तो बंधु-बांधवों से सलाह का सिलसिला शुरू हुआ। पत्रकारिता में इतने साल गुजारकर उसने जितने दुश्मन बनाये थे उससे कहीं ज्यादा दोस्त और शुभचिंतक भी अर्जित किये थे। काम वही करो जो तुम अच्छी तरह समझते हो, अच्छी तरह कर सकते हो। लगभग सबकी राय यही थी।

यानी पत्रकारिता!

इस विडंबना पर हँसे कि रोये धीरज। दो दशक तक एक जमे-जमाये अखबार का स्टार पत्रकार रह चुका आदमी अपनी सारी क्षमता के बूते पर वैसा

कोई अखबार निकालने चले तो सबसे पहले सवाल क्षमता का नहीं उठेगा, पूंजी का उठेगा।

पूंजी, जिसकी गर्मी से गर्माते हुए सेठ ने धीरज को एक झटके में स्टार पत्रकार से दरकिनार पत्रकार बना दिया था। समय तेजी से बीत रहा था और उसकी चिंता बढ़ती जा रही थी।

राह धीरज को दिखी एक बिलकुल अप्रत्याशित ही व्यक्ति से संयोग से हुई बात से। वासुदेव और वह पहली कक्षा से बारहवीं तक साथ पढ़े थे। फिर वह एक घुमावदार रास्ते से पत्रकारिता के इलाके में घुसा और वासुदेव अपने शानदार शैक्षिक रिकॉर्ड के बदौलत शिक्षा के क्षेत्र में तरक्की-दर-तरक्की करता गया। फिर पता चला था कि वासुदेव अमेरिका चला गया।

इतने सालों बाद भी बचपन के दोस्त की आवाज और अंदाज वैसे-के-वैसे थे।

"क्यों बे धीरू। तेरा पता लगाना कब से इतना मुश्किल हो गया?"

और मुलाकातों और बातों के सिलसिले में ही वासुदेव ने उसकी समस्या का समाधान प्रस्तुत कर दिया :

"मासिक समाचार पत्रिका निकालो।" फिर बीस साल पहले बंद हो चुकी हिंदी की एक अनूठी पत्रिका का हवाला देते हुए वासुदेव ने वैसी पत्रिका की आज जरूरत का विश्लेषण किया।

"अंग्रेजी में इस तरह की पत्रिकाएं हैं और उनका अपना मॉर्केट है। कंपटीशन में बैठने वाले लड़के खोज-खोज कर पढ़ते हैं। हिंदी में लड़के तरस जाते हैं। और यह मत भूलो कि हिंदी माध्यम से सिविल सर्विसेज जैसी परीक्षाओं में बैठने वाले लड़के इधर तेजी से बढ़े हैं।" और वासुदेव ने आंकड़ों की बौछार कर दी।

"तू अमेरिका में था कि हिंदुस्तान में?" धीरज आश्चर्य से बोल उठा।

"मैं हिंदुस्तान से बाहर रहा पर हिंदुस्तान हमेशा मेरे अंदर बना रहा। समझा?"

"मान गया, भाई!" धीरज उसकी बात से अभिभूत हो गया।

वासुदेव के सुझाव पर अमल का रास्ता ज्यों-ज्यों साफ होता जा रहा था, धीरज नौकरी के बजाय अपना कोई काम शुरू करने के निश्चय के नीचे जमीन मजबूत होती महसूस कर रहा था।

अधखुले दरवाजे को भड़ से पूरा खोलकर विवान अंदर घुसा और कॉपी धीरज के सामने लहरा दी :

"होमवर्क करवा दीजिए। कल ही टीचर को देना है।"

काम पूरा करवाते हुए बेटे का चेहरा गुमसुम-सा ही बना रहा। धीरज उसे

चुपचाप देखता जा रहा था। होमवर्क हो गया तो विवान झटके से उठा। तभी धीरज पूछ बैठा, "हां, ये तो बताओ कि पन्टी क्या है?"

"पन्टी पन्टी है।" चिढ़ से इतना बोलकर विवान कमरे से बाहर चल दिया।

पत्रकारिता के क्षेत्र में सुकुमार दा के दोस्त या दुश्मन बनाने में जितना योगदान उनकी बेबाक कलम का रहता था उतना ही उनकी मुंहफट जबान का। बहुत दिनों के बाद उनका कोलकाता से इधर आना हुआ था और वे उन चंद लोगों में से थे जिनसे धीरज के हृदय का तार जुड़ता था।

कॉफी की चुस्कियों के बीच बड़े उत्साह से अपनी योजना की पर्त-दर-पर्त को खोलते हुए धीरज को पहले तो वे धैर्य से सुनते रहे। फिर झटके से बोल पड़े, "ठीक है, ठीक है। वो सब कर लोगे तुम। अब ये बताओ कि पैसा कितना जमा हो गया।"

धीरज ने उनकी बात का जवाब दिया तो वे उसे घूरकर बोले, "पगला गये हो क्या?"

धीरज ने कुछ विस्तार से बात समझानी चाही तो वे बात काटकर बोले, "मासिक पत्रिका निकालना हँसी खेल है? छह महीने का मैटर प्लान करने के साथ छह अंकों का खर्चा जेब में जमा हो जाये तो हाथ डालो।"

"पर जैसा आपको बता रहा था अपना दोस्त वासुदेव बहुत रिसोर्सफुल है। मैं हर तरह की प्लानिंग में उसको..."

सुकुमार दा ने फिर बात काटी, "अरे, पत्रिका उसकी है कि तुम्हारी? उसकी है तो बस एडिटर बन जाओ और तनख्वाह लो उससे। समझे?"

सुकुमार दा से बात करने के बाद धीरज कई दिन तक पत्रिका के आर्थिक पक्ष पर ही सोचता रहा और इस तरह से सोचना उसे थोड़ा उदास कर गया। नौकरीपेशा पत्रकार के रूप में इस पक्ष के बारे में सोचने की जरूरत ही नहीं पड़ी। और अब नौकरी छोड़कर खुद की पत्रिका निकालने चला है तो सामग्री की परिकल्पना और संभावित लेखकों-पत्रकारों के चुनाव से पहले सोचने की जरूरत है पैसे के पूरे जुगाड़ पर। पूरे पैसे नहीं जुटेंगे तो सब धरा रह जायेगा। सुकुमार दा की बात कड़ुवी पर सही है।

"भाई, तू चार आदमी से सलाह करेगा तो चार राय मिलेंगी।" वासुदेव ने धीरज के थोड़े चिंतित से चेहरे को मखौल से देखा।

"पर बात तो सही है। पैसे का इतना जुगाड़ शायद काफी न हो..."

"फिर वही बात। मैंने समाचार-पत्रिका का जो मॉडल बनाया है वह यूनिवर्सिटी स्टूडेंट्स हाथोहाथ लेंगे। थिंक ऑन कंटेंट, फोकस्ड एंड ईजी टु

कनेक्ट विद। हम एक खाली पड़ी जगह को भरने जा रहे हैं, स्कोप ही स्कोप है। तुम्हारा वो कुमार दादा..."

"कुमार दादा नहीं, सुकुमार दादा।"

"हां, हां वही। वो समझ बैठा है कि अखबार निकालना है। उसका माइंडसेट ही अखबार का है। मैं यूनिवर्सिटी में पढ़ा रहा हूं और बेहतर जानता हूं। कितने हिंदी माध्यम वाले प्रतिभाशाली छात्रों को सही सामग्री के अभाव में पिछड़ते देख रहा हूं। हम भी हिंदी माध्यम से पढ़े हैं, वो बंगाली दादा क्या समझेगा ये सब।"

"पर बात तो पैसे के पूरे जुगाड़ की हो रही थी..."

"अरे यार, धीरू! तू पैसे की चिंता कर क्यों दुबला हुआ जा रहा है। अपने पढ़ाये हुए अफसर किस वक्त काम आयेंगे? निकाल डॉयरी और नोट कर उनके फोन नंबर। पब्लिक सेक्टर के पचास विज्ञापन दो-दो कौड़ी की पत्रिकाओं में देख चुका हूं। अपनी पत्रिका को दस विज्ञापन तो फोन पर ही मिल जायेंगे।"

धीरज के हृदय में इस बात से आशा का संचार हुआ। उसने फोन नंबर नोट करते हुए कहा, "तेरा दिमाग इन सब बातों में अच्छा चलता है। हम भले अच्छे-खासे पत्रकार रहे पर विज्ञापन-मार्केटिंग-डिस्ट्रिब्यूशन जैसी बातों पर न कभी दिमाग खपाया, न कभी खपाने की कोई जरूरत पड़ी।"

वासुदेव ठठाकर हँस पड़ा। फिर बोला, "चल, टैप कर ले मेरे शिष्यों को विज्ञापन के लिए। तू भी क्या याद करेगा कि वासुदेव की कन्सल्टेंसी कहां तक काम आ सकती है।"

एक मंत्रालय में उपसचिव, दूसरा इस्पात की सार्वजनिक क्षेत्र की कंपनी में प्रबंधक और तीसरा सार्वजनिक क्षेत्र के बैंक के मुख्यालय में जनसंपर्क अधिकारी। वासुदेव के तीनों भूतपूर्व छात्र प्रेम से मिले, गुरु का अलग-अलग तरह से गुणगान किया और धीरज को आश्वासन दिया।

आश्वासन से खुशी हुई पर आधी-अधूरी ही। सबने कहा कि पहला अंक निकाल लें, फिर चिट्ठी के साथ अंक संलग्न करते हुए विज्ञापन के लिए आवेदन कर दें...आगे वे देख लेंगे। यानी पहले अंक के बाद विज्ञापन की संभावना दिखती है, पहले अंक से पहले नहीं।

पहले अंक से पहले क्या करे वह? सारी जमापूंजी दांव पर लगा दे? अंक निकालते ही बंद करने की नौबत आ गयी तो फजीहत जो होगी सो होगी, आर्थिक रूप से घिरकर वापस मुंह पिटाकर नौकरी करने के अलावा कोई विकल्प बचेगा ही नहीं।

धीरज सोचता रहा, सोचता रहा। ओखली में सिर डालने का निश्चय कर बैठा

है तो डालना है ही। पर किस हिस्से में सिर रखने से कम-से-कम मूसल खाने पड़ेंगे? धीरज सोचता रहा...।

पत्नी ने करवाचौथ का व्रत रखा था। सीढ़ियों पर ऊपर-नीचे होते हुए वह चांद दिखने की सूचना पहुंचाने के मोर्चे पर बेटे को भी साथ लिये था। बेटे को इसमें मजा भी आ रहा था। चांद अब अंततः दिखा तो बेटा अपनी मां को बताने के लिए आगे-आगे दौड़ गया।

सजी-धजी पत्नी की ओर उसने फलों के रस का गिलास बढ़ाया तो गले में पड़े सोने के हार पर निगाह पड़ते ही अनायास मुंह से निकल गया, "ऐसा हार तो तुम्हारे पास एक और है न?"

"हां, क्यों?" पत्नी की आंखें सिकुड़ गयीं।

"नहीं, ऐसे ही।" इतना बुदबुदाकर वह वहां से हट लिया। पत्नी की आंखों में कौंधा किंचित् संदेह का भाव कहीं अंदर तक बिंध गया था।

देखते-देखते समय की वह पतली-सी पट्टी भी आंखों के सामने आकर लहरा गयी जिस पर चलने को टालना अब किसी हाल में संभव नहीं लग रहा था। सफलतापूर्वक चल-निकल गये तो हिंदी पत्रकारिता में एक नया आयाम जोड़ने का सेहरा सिर पर बंधेगा और फिसल गये तो सारी जमापूंजी स्वाहा करने के बाद फिर किसी अखबार का वेतनभोगी पत्रकार बनने के अलावा कोई विकल्प नहीं रहेगा। घर का चूल्हा जलता रहे, यह सुनिश्चित करना तो गृहस्थ की पहली वरीयता है न...

धीरज सोच रहा था, सोच रहा था। अपने ही द्वारा फैसले के लिए निर्धारित तीन दिन की समय-सीमा के तीसरे दिन भी सोच ही रहा था कि झटके से उठ कर उसने पहले अंक के लिए संपादित रखी सामग्री के पन्ने तेजी से पलट डाले।

फिर उसने वासुदेव को फोन मिलाया।

कोई उत्तर नहीं। बारी-बारी से लैंडलाइन और सेलफोन के नंबर मिलाता रहा पर उत्तर किसी पर भी नहीं।

इसके संपर्क और आश्वासन ही तो पत्रिका के आर्थिक पक्ष के एकमात्र दूरगामी संबल के रूप में दिलो-दिमाग में दर्ज हैं...ओखली में सिर डालने से पहले एक बार फिर इससे तसल्ली तो कर लेनी जरूरी है ही।

पिछली बार साथ बैठे थे तो उसे देने के लिए हिंदीभाषी इलाकों के विश्वविद्यालयों में अपने सारे संपर्कों के नाम-पते-फोन नंबरों की सूची बनाने पर वासुदेव लगा हुआ था। वह सूची लेकर पहला अंक निकलने के साथ ही एक-एक प्रति सारे पतों पर प्रेषित करवा देनी होगी। इस मुलाकात में सूची ले ही लेनी होगी उससे वर्ना बाद में...

धीरज बेचैन होकर बार-बार फोन मिलाये जा रहा था और उत्तर न पाकर और

बेचैन होता जा रहा था।

रात में संपर्क करने की सारी असफल कोशिशों के बाद दूसरे दिन की सुबह धीरज जल्दी-जल्दी वासुदेव के घर जाने के लिए तैयार हो रहा था। तीन-चौथाई दिल्ली लांघकर स्कूटर पर तीस किलोमीटर तय करना ही होगा फैसले से पहले उससे बात करने के लिए...।

हेलमेट उठाकर दरवाजे की ओर बढ़ते हुए वह अचानक वापस पलट गया।

"क्या हुआ?" दरवाजा बंद करने पीछे-पीछे आ रही पत्नी के मुंह से निकला।

बात का जवाब न पाकर पत्नी ने फिर कहा, "कुछ भूल गये क्या?"

हाथ से उसे चुप रहने का इशारा करते हुए धीरज कुर्सी पर बैठ गया और एक बार फिर उसकी उंगलियां वासुदेव का नंबर डायल करने लगीं।

उधर से उसकी आवाज आयी तो धीरज का जैसे कलेजा उछल गया, "कहां गायब हो गया तू? फोन भी नहीं उठा रहा था। मैं तुमसे..."

"सब्र कर, भाई। सब्र कर। अभी तो उठा ही हूं सोकर।"

"अभी उठा है! तू तो पांच बजे सुबह उठकर..."

"अरे, भाई। कल पूरा दिन पागलों की तरह काम करता रहा हूं। अपने देश में इतने सारे नियम-कानून बनाकर रखे हैं कि बाहर जाने वाले आदमी को..."

"बाहर?" धीरज के अंदर आशंका का बगूला उठा।

"हां, भाई। अमेरिका ऐसे ही तो नहीं दुनिया में नंबर एक बन गया। काबिल आदमी की कद्र करना तो बस अमेरिकी जानते हैं। अब मेरी यूनिवर्सिटी ने ऐसा ऑफर दिया है कि इनकार का सवाल ही नहीं उठता। एक स्पेशल चेयर यूनिवर्सिटी में वासुदेव सिंह के नाम..."

वासुदेव के एक-एक वाक्य जैसे धीरज के कलेजे को छेद रहे थे और उसका खून खौलने लगा था।

"तूने पन्टी कर दी!" सुनते-सुनते धीरज बुरी तरह से चिल्ला उठा। उधर से वासुदेव ने कुछ कहा तो धीरज और जोर से चिल्लाया, "पन्टी कर दी। तूने पन्टी कर दी..."

उसकी आवाज सुनकर अंदर के कमरे में पहुंच चुकी पत्नी वापस दौड़ते हुए आयी।

धीरज ने फोन काट दिया था और बुरी तरह से हांफ रहा था।

# जीना-मरना

दबा कर खाओ...
दबा कर पियो...
दबा कर जियो...

28 दिसंबर, 2009 से पहले कल्लोल बनर्जी के जीवन-दर्शन को, मुख्यत:, इन तीन सूत्र-वाक्यों के माध्यम से समझा जा सकता था। किसी भी सरकारी आयोजन में भोजन की व्यवस्था भी हो तो खाने की उनकी प्लेट पर भोज्य-सामग्री टीले के आकार में सजी दिखती थी, प्राइवेट सेक्टर की दावत में खाना गौण हो जाता था और पीना प्रमुख हो जाता था। अब किस्मत ही उनकी ऐसी थी कि जहां भी नियुक्ति हुई वहां खाने-पीने के ऐसे अवसर दबा कर आते थे। ऊपर से उनके घर का खाना भी कम गरिष्ठ नहीं होता था। पर दबा कर खाते-पीते हुए जीवन के अड़तालीस साल तो निकल गये, उनचासवें साल के प्रारंभ में झटका लग गया।

रात में खाने के बाद श्रीमती बनर्जी तो लगभग रोज ही अपने दफ्तर की कुछ फाइलें निपटाने में लगी रहती थीं, बनर्जी आराम से कोई सी.डी. लगाकर संगीत सुनते थे। दफ्तर के काम को लेकर पत्नी जितनी गंभीर थीं, बनर्जी उतने ही लापरवाह थे। सिविल सेवाओं की परीक्षा में सफल होकर भौतिक सुख-सुविधाओं के द्वार उनके लिए जिंदगी-भर के लिए खुल ही गये थे। स्थायी आनंद की इस ईश्वर-प्रदत्त अवस्था में गंभीरता का अवांछित हस्तक्षेप वे एक बहुत बड़े अपवाद के रूप में ही होने देते थे।

28 दिसंबर, 2009 को भी बनर्जी की मफलर में लपेटी हुई गर्दन सी.डी. से निकल रहे संगीत से ताल मिलाकर हिल रही थी और थोड़ी दूर पर पड़ी मेज पर फाइल पर झुकी हुई श्रीमती बनर्जी आंखों में उतर रही नींद से जूझती हुई अपने मातहत की बेतरतीब टिप्पणी से अर्थ खोज निकालने का प्रयास कर रही थीं।

दोलायमान कंधे अचानक भारी-भारी से लगने लगे तो बनर्जी असहज हुए। अभी कंधों के भारीपन पर सोचना शुरू किया ही था कि सीने में एक टीस-सी उठी। वायु-प्रकोप होने की संभावना सोचते हुए उन्होंने थोड़ा टहल लेने के लिए उठना चाहा तो बड़ी दिक्कत हुई।

घबराकर उन्होंने पत्नी को आवाज दी। कुछ झपकी के प्रभाव में रहने के

कारण और कुछ कमरे में स्वर-लहरियों का प्राधान्य होने के कारण बनर्जी की क्षीण-सी आवाज पत्नी के कानों तक मुश्किल से पहुंची।

झपकी टूटने से किंचित् भ्रमित-सी श्रीमती बनर्जी ने पति के पास पहुंचकर उनके कंधों पर हाथ रखा तो पसीने से भीगती जा रही देह और किंचित् विस्फारित-सी हो रही आंखों का अवलोकन कर उनकी झपकी क्या, होश भी उड़ गये।

अस्पताल तक पहुंचाने से ज्यादा मुश्किल बनर्जी के थुलथुल शरीर को ड्राइंगरूम से कार तक पहुंचाने में हुई। बीस वर्षों के वैवाहिक जीवन में पहली बार श्रीमती बनर्जी को अपने पति के बेलगाम मोटापे से डर लगा।

अस्पताल के चक्कर, डॉक्टरों की हिदायतें, हृदयरोग पर उपलब्ध तमाम तरह की सूचनाएं श्रीमती बनर्जी के डर को दिन-प्रतिदिन और बढ़ाती गयीं।

प्रकृति में अपने पति से ज्यादातर मामलों में विपरीत श्रीमती बनर्जी प्यार उनसे बहुत करती थीं। दबा कर खाने-पीने वाली जीवन-पद्धति के लगभग अनिवार्य बाई-प्रॉडक्ट मोटापे की वजह से अपने पति को खो देने के डर ने उन्हें अंदर से हिलाकर रख दिया। इधर बनर्जी स्वास्थ्य-लाभ करते रहे और उधर उनकी पत्नी उनके खाने-पीने से लेकर दिनचर्या के छोटे-से-छोटे अंग तक की विस्तृत रूपरेखा उसी मनोयोग से बनाती रहीं जैसे किसी महत्त्वपूर्ण काम पर अपने दफ्तर की फाइल पर टिप्पणी बनाती थीं।

स्वस्थ बनर्जी के सामने पत्नी द्वारा तय की गयी परिवर्तित जीवन-पद्धति थी और उसके सूत्र-वाक्य वे उसी मूलभूत चिढ़ के साथ निहार रहे थे जैसे पढ़ाई-लिखाई से अरुचि रखने वाला छात्र सिर पर आ ही गये इम्तहान में उत्तीर्ण होने के लिए आवश्यक पाठ्य-सामग्री को निहारता है।

"और कोई उपाय नहीं है।" श्रीमती बनर्जी ने थोड़ी सहानुभूति, थोड़ी दृढ़ता से कहा।

पिता की गंभीर बीमारी के चलते इंजीनियरिंग के अंतिम वर्ष में पढ़ रहा बेटा भी कुछ दिनों के लिए आया हुआ था। जाते-जाते उसने भी पिता को पूरा लेक्चर ही झाड़ दिया।

'और कोई उपाय नहीं है' के तकियाकलाम के साथ लगभग हर रोज ही अपने सामने दोहराये-तिहराये जा रहे सूत्र-वाक्यों का तबला बनर्जी के कानों पर अवचेतन में भी बजने लगा :

चर्बीदार भोजन नहीं करना है...
सिगरेट, शराब नहीं छूना है...
लाल मांस की ओर देखो भी नहीं...
सलाद खाओ, फल खाओ...

चिकनाई को जहर समझो...
टहलने रोज सुबह निकलो...

शुरू के दो हफ्तों तक श्रीमती बनर्जी रोज सुबह टहलने पति के साथ गयीं फिर नियम बन गया कि शनिवार-इतवार की छुट्टियों में जायेंगी। छरहरे शरीर की पत्नी को चर्बीघटाऊ सैर की जरूरत नहीं थी, पर पति की दिनचर्या को शुरुआती दौर में ठेलना और बाद में निगाह में रखे रहना जरूरी था। कुछ अपनी अचानक ही आ टपकी व्याधि से उपजे भय से और कुछ पत्नी की किलेबंदी से, बनर्जी भी एक सुधर रहे इनसान के रूप में अपनी पहचान बनाने की ईमानदार कोशिश कर रहे थे।

अपनी बदली हुई जीवन-पद्धति के तहत अपनायी हुई बदली दिनचर्या में कुछ महीने आगे बढ़ने के बाद बनर्जी में एक अप्रत्याशित परिवर्तन आया। अब वे किसी को अपनी पहली वाली दिनचर्या के अनुसार खाते-पीते देखते तो अनायास ही टोक देते।

संसदीय समिति की बैठक के बाद आयोजित भोज में उन्होंने खोज कर उबली सब्जियों वाले पात्र से अपनी प्लेट को भरा और पहले के अपने प्रिय व्यंजनों को किंचित् हिकारत से देखते हुए एक किनारे बढ़ गये।

पहले कुछ सहयोगी उनके पास पहुंचे, फिर कुछ मातहत।

बातों के बीच ही उन्होंने एक मातहत की प्लेट को नजर भर देखा और तड़ से बोल दिया, "मेहता! इतनी चिकनाई खाकर तुम्हारा क्या हाल होगा?"

मेहता बेचारा लिहाज में कुछ बुदबुदाकर रह गया पर उसके खाने का मजा किरकिरा हो गया।

प्राइवेट सेक्टर की पहले बहुप्रतीक्षित रही पार्टियों में सुरा की मनभावन सुगंध के, खुदा न खास्ता, अपने संयम पर हावी हो जाने की संभावना खत्म करने के लिए अब अव्वल तो बनर्जी जाते ही नहीं थे और जाना ही पड़ गया तो पत्नी को भी साथ ले जाते थे। अब कोई-न-कोई पूर्वपरिचित तो टकरा ही जाता था जो बनर्जी की परिवर्तित जीवन-पद्धति से अनभिज्ञ होता था। और उसको भिज्ञ बनाने के लिए बनर्जी जिस सुर में बात करते, वह पीठ-पीछे कहकहों का सामान बन जाता।

"तुम्हारा खाना-पीना तुम्हारा है। दूसरों से तुम्हें क्या मतलब?" बाद में पत्नी उनसे कह भी देतीं।

"दूसरों को भी समझ में आना चाहिए न। मैं ही क्यों," बनर्जी भुनभुना देते।

शनिवार का दिन था। पत्नी के साथ बनर्जी अपना छुट्टियों वाला अपेक्षाकृत लंबा चक्कर लगाते हुए आर्चबिशप मकारियोस मार्ग से भीष्म पितामह मार्ग की ओर मुड़ गये।

मंगलवार-शनिवार को मंदिरों के सामने अच्छी संख्या में आ जुटने वाले भिखारियों से सौ-डेढ़ सौ मीटर वाला वह पूरा हिस्सा ही आच्छादित था। सड़क की एक ओर कार खड़ी कर उसमें से बंटने वाली खाद्य-सामग्री निकालते हुए लोग पास खड़े हो गये लोगों से पंक्ति बनाकर लेने को कह रहे थे।

सड़क पर फेंके गये डोनों-पत्तलों और उनसे छिटककर पड़ी हुई सामग्री से पैर बचाने के प्रयास में चाल धीमी किये हुए बनर्जी दंपति आगे बढ़े जा रही थी।

"इधर से आना ही नहीं चाहिए था।"

बनर्जी एक बार बुदबुदाये भी जिस पर पत्नी ने कोई प्रतिक्रिया नहीं दी।

उस अधेड़ के कपड़े पुराने थे, उतारकर किनारे रखी गयी चप्पलें भी पुरानी-धुरानी-सी थीं, पर उसकी आंखें बड़ी-बड़ी और बेहद भावप्रवण थीं।

सामने रखी हुई दो पत्तलों में भरपूर मात्रा में उपस्थित हलवा-पूरी को उदरस्थ करते हुए उसके चेहरे पर अपूर्व संतोष का भाव झलक-झलक जा रहा था। पास से गुजरते हुए बनर्जी एकदम से रुक गये। इसके पहले कि पत्नी कुछ समझ पातीं, वे उस अधेड़ को संबोधित कर बोल उठे, "इतनी चिकनाई खाकर मरना है क्या?"

अधेड़ की आंखों में दो क्षण के लिए आश्चर्य का भाव आया, फिर उसने तड़ से कहा, "भूखे मरने से बेहतर है चिकनाई खाकर मरो।"

"अंय!" बनर्जी के मुंह से निकला।

"अंय! अंय!" मखौल की मुद्रा में इतना कहकर अधेड़ वापस पत्तलों पर झुक गया।

# मुकाम

रेलगाड़ी रफ्तार पकड़ती जा रही थी और कुछ यात्री अपने खाने की पोटलियां खोलकर खाना शुरू भी कर चुके थे। भिन्न-भिन्न मसालों से सुवासित भोजन से भरी पोटलियों ने मिलकर एक ऐसी सुगंध फैलायी हुई थी जो नकचढ़े-से-नकचढ़े व्यक्ति के भी नथुने फड़का कर रख दे।

पर सिर पर बेहद छोटे-छोटे बाल सजाये एक श्यामवर्णी नौजवान डिब्बे में घुसकर व्यवस्थित हो जाने के बाद से एक ही मुद्रा में चुपचाप बैठा हुआ था।

"बेटा! आप अभी बाद में खाना खाओगे?" सामने वाली बर्थ पर बैठी बुर्कानशीन महिला ने उससे इतना कहा तो नौजवान की चुप्पी टूटी।

"मुझे खाना ही नहीं है।"

"अच्छा!" महिला ने उसके जवाब पर थोड़ा आश्चर्य व्यक्त किया।

महिला की बगल में अपनी गोद में रखे अखबार से पूरियां उठाकर हबक-हबक खा रहे नाटे से आदमी ने उसकी ओर मुड़ते हुए कहा, "बस दो मिनट में खत्म करता हूं। उसके बाद आपकी बर्थ बिछवा दूंगा।"

"नहीं, भाईसाहब! आप आराम से खायें। मुझे सोने की जल्दी नहीं है। अभी तो..." वाक्य अधूरा ही छोड़कर वह चुप हो गयी।

अब छोटे बालों वाले नौजवान ने महिला को गौर से देखा। फिर आहिस्ता से बोल पड़ा, "आप भी खाना नहीं खा रहीं?"

महिला ने रुक-रुक कर कहा, "फल ही खाकर रोजा खोलती हूं...सोचा था कि प्लेटफार्म पर मिल ही जायेगा पर..."

नौजवान चुप रहा।

बगल में बैठे नाटे आदमी ने खाना समाप्त करते हुए अखबार का दस्तरख्वान समेटा और बोला, "इस प्लेटफार्म पर फलों का कोई स्टॉल नहीं है। आपको पता ही नहीं होगा..."

"आगे किसी स्टेशन पर है?" नौजवान ने तुरंत पूछा।

नाटे आदमी ने नौजवान की तरफ देखने के बजाय घड़ी देखी और फिर महिला से मुखातिब होकर बोला, "डेढ़ घंटे बाद गोंडा स्टेशन आयेगा। वहां तो है पर दो मिनट के स्टाप में आप कैसे फल ले आ पायेंगी?"

"टिकट, प्लीज!" कज्जल परिधान में सज्जित काया के मुंह से इतना निकलते ही यात्रियों का ध्यान उसकी उपस्थिति पर गया और जेब-पर्स इत्यादि से निकलकर टिकट उसकी ओर बढ़े।

सारे टिकट चेक हो गये तो टिकट-चेकर बोला, "छियालीस नंबर पर कौन है?"

कोई जवाब न पाकर वह आगे बढ़ा और कहता गया, "कोई आये तो बता दें कि मैं लौटते वक्त चेक करूंगा।"

यात्रियों में कोई कुछ नहीं बोला पर एक-दो ने ऊपर की छियालीस नंबर की बर्थ की ओर देखा जरूर।

"आप सोना चाहें तो..."

"नहीं, नहीं। कोई जल्दी नहीं है।" महिला ने नाटे आदमी की बात के जवाब में कहा।

अपनी तरफ के दोनों सहयात्रियों के बिस्तर बिछा लेने के बाद छोटे बालों वाला नौजवान मुश्किल से सिर निकालकर बैठा हुआ था। 'गोंडा आने वाला है' नाटे आदमी के मुंह से निकला नहीं कि नौजवान उठकर खड़ा हो गया।

ट्रेन प्लेटफार्म पर सरकने लगी तो बाहर की बत्तियों को बुर्कानशीन महिला आंखें गड़ा-गड़ा कर देखने लगी।

"रुकती है पर बस दो मिनट के लिए। कोई रिस्क लेने की जरूरत नहीं है।"

नाटे आदमी की बात पर महिला ने मुड़कर बेचारगी से कहा, "मैं कौन बाहर जा रही हूं!"

ट्रेन के रुकते ही धम-धम बूट बजाते हुए एक लंबा-सा नौजवान नमूदार हुआ और ऊपर की बर्थ पर अपना बोरानुमा बैग रखते हुए बोला, "छियालीस नंबर यही है न?"

"हां।" नाटे आदमी ने कहा।

"गनीमत है। मैं गलत डिब्बे के छियालीस नंबर पर पहुंच गया था। भागते-भागते आया सही डिब्बे में।"

"चलो बेटा, आ तो गये।" महिला ने हँसकर कहा।

तभी छोटे बालों वाला नौजवान हाथ में चार केले थामे हुए आ पहुंचा और महिला की ओर बढ़ाते हुए कहा, "इतना ही मिल पाया। आप इतने से ही..."

"मेरे लिए फल लाने प्लेटफार्म पर गये थे?" महिला के चेहरे पर आश्चर्य उभर आया।

"क्या करता? आप भूखी ही रह जातीं न।"

महिला की आंखें तरल हो आयीं।

आहिस्ता से बोली, "खुदा तुम्हें अपने मुकाम पर सलामत रखे।"

अब वह एक सूखी-सी हँसी हँसते हुए बोला, "हमारे मुकाम पर सलामत रहना इतना आसान नहीं है। कभी गोलियां चलती हैं, कभी गोले फटते हैं।"

महिला हाथ में केले लिये कुछ सोचती-सी कुछ देर तक खिड़की के ऊपर टंगी अपनी पानी की बोतल को देखती रही। फिर उसने एक केला नौजवान की ओर बढ़ाया।

"नहीं...आप ही खायें।"

"बेटा, तुम्हें खिलाये बिना तो मैं अपना रोजा खोलूंगी ही नहीं।"

नौजवान असमंजस में पड़ा-सा कुछ क्षण चुपचाप बैठा रहा। फिर उसने केला पकड़ लिया।

केलों से रोजा खोलने के पश्चात् महिला ने नये आये हुए लंबे नौजवान से पूछा, "बेटा, तुम टिकट बाबू से मिल लिये?"

"नहीं तो।"

"चेक करके चला गया था यहां से। तुम्हें बताने को बोला था।"

अब छोटे बालों वाले नौजवान ने कहा, "आ जायेगा अपने आप। उसकी ही तनख्वाह पाता है।"

लंबा नौजवान हलके से हँसा और बोला, "तुम भी फौज में हो न?"

"हां, पर..."

"हम फौजी ही इस अंदाज में बात कर सकते हैं।"

इस बात पर दोनों मिलकर हँसे और उनको हँसते देखकर बाकी यात्री मुसकरा दिये।

अगले पांच-छह मिनट दोनों फौजियों की ही धाराप्रवाह बातें चलती रहीं। अंततः व्यवधान उपस्थित हुआ तो टिकट-चेकर की आवाज से ही:

"छियालीस नंबर..."

लंबे नौजवान ने जेब से पर्स निकाला और उसमें से दो कागज निकालकर आगे बढ़ा दिये।

टिकट-चेकर ने पहले उन पर्चियों को घूरा, फिर नौजवान से बोला, "टिकट कहां है?"

"है तो ये।"

"ये वारंट का अधपन्ना है। जिसके आधार पर टिकट जारी होता है, वो टिकट चाहिए।"

"टिकट..." लंबा नौजवान सोच में पड़ गया।

"उसके बिना बेटिकट माने जाओगे। आठ सौ तेईस रुपये टिकट के और ढाई

सौ रुपये पेनाल्टी। एक हजार तिहत्तर रुपये देने पड़ेंगे।" टिकट-चेकर ने थोड़ी तेज आवाज में इतना कहकर बाकी यात्रियों पर नजर घुमायी।

लंबा नौजवान अपने बैग को ऊपर की बर्थ से उतारकर खखोरने लगा। उसके अंदर रखे बहुरंगी सामान का सार्वजनिक प्रदर्शन भले हो गया पर टिकट किसी कोने से नहीं निकला।

अब छोटे बालों वाला नौजवान उससे बोला, "वारन्ट दिखाकर टिकट लिया था कि नहीं, ये याद करो।"

लंबा नौजवान उसकी बात पर दो क्षण सोचकर झटके से बोल पड़ा, "ओऽऽऽ थापा के पास रह गया होगा।"

"कौन थापा?"

"अरे, हम साथ चले थे। हमारी ही यूनिट का है। उसी ने दोनों वारंट दिखाकर टिकट लिये थे। पर्ची थमा दी और टिकट थमाना भूल गया।"

उन दोनों की बातें अब तक चुपचाप सुन रहा टिकट-चेकर तड़ाक से बोला, "तुम्हारी गलती हो या तुम्हारे साथी की, अब तुम बेटिकट हो। निकालो एक हजार तिहत्तर रुपये।" और उसने रसीद-बुक निकाल ली।

अब नाटे आदमी और बुर्कानशीन महिला ने भी सहानुभूति दिखाते हुए कहा, "नाम चार्ट में है और वही वारंट में तो क्या दिक्कत है।"

"पर्ची तो है न, कोई झूठ तो नहीं कह रहे हैं।"

"अरे! टी.टी. बाबू, वापस मोर्चे पर जा रहा फौजी है। कुछ तो खयाल करें..." इत्यादि वाक्य वातावरण में ताबड़तोड़ गुंजा दिये।

टिकट-चेकर आंखें मिचमिचाकर सारे यात्रियों के चेहरे पढ़ता-सा लगा। फिर किंचित् व्यंगयात्मक अंदाज में बोला, "मैं छोड़ दूं तो भी क्या होगा। पहुंचकर प्लेटफार्म से बाहर निकलते हुए टिकट की जरूरत नहीं पड़ेगी? वहां पकड़ने पर पेनाल्टी भी दोगुनी और झंझट भी ज्यादा..." और वाक्य अधूरा छोड़कर रसीद-बुक पर कुछ लिखने का उपक्रम करने लगा।

अब तक ओझल-सा ही रहा साइड-बर्थ पर ऊपर चढ़ा बैठा एक दढ़ियल आदमी वहीं से टिकट-चेकर से बोला, "अरे, इनसे समझ-वमझ कर खत्म करो, केवल बहस करने से क्या फायदा।"

दोनों नौजवानों ने उस ओर देखा पर टिकट-चेकर ने सिर उठाया तक नहीं। अपने कंधे पर थपथपाये जाने से टिकट-चेकर जैसे छिटककर घूमा और छोटे बालों वाले नौजवान को झिड़कता-सा बोला, "क्या है?"

"टी.टी. चाचा। फौजी बच्चे को क्यों परेशानी में डाल रहे हो?"

"परेशानी में डाल रहा हूं कि उससे बचा रहा हूं! यहां कोई चाचा-वाचा नहीं है। रेलवे रूल से चलती है, रूल से।"

"तो ये भी तो रूल से चल रहा है न। वारंट का अधपन्ना है ही, वही नाम आपके चार्ट में..."

"ठीक है, आपलोग बहस करते रहो..."

नौजवान की बात काटकर टिकट-चेकर झटके से उठा और आगे चल दिया। पीछे यात्रियों की सम्मिलित प्रतिक्रिया गूंजी, कुछ आशंका भरी कुछ तिरस्कार भरी।

नाटे आदमी ने महिला की ओर मुड़कर कहा, "आपकी बर्थ खुलवा दूं?"

सबको अब जैसे अहसास हुआ कि सोने का वक्त कब का हो चुका है। बीच की बर्थ पर चढ़ने में महिला को थोड़ी दिक्कत आती देखकर छोटे बालों वाला नौजवान नाटे आदमी से बोला, "आप बीच वाली पर चले जाइए न।"

नाटे आदमी के चेहरे पर अनिच्छा उभरी तो नौजवान फिर बोला, "चले जाइए न।"

बीच वाली बर्थ पर नाटे आदमी के चले जाने के बाद महिला ने कृतज्ञता भरी नजरों से नौजवान को देखते हुए कहा, "अब तुम लोग भी सो जाओ।"

"सो जायेंगे। अभी तो इन लोगों के सोने का संगीत सुन रहे हैं।"

अपनी तरफ की नीचे और बीच की बर्थों पर सो रहे अधेड़ दंपति के खर्राटों पर संकेत करते हुए वह हँसा और ऊपर चढ़ चुके लंबे नौजवान की ओर देखा।

लंबा नौजवान परेशानी का भाव लिये नीचे ही देख रहा था।

"क्या हुआ अब?"

"मेरी पर्ची तो ले गया वह। अभी तक लौटा भी नहीं। मुझे दिल्ली पहुंचने के बाद जम्मू की फ्लाइट भी पकड़नी है। कहीं..."

लंबे नौजवान की बात काटकर छोटे बालों वाले नौजवान ने कहा, "पड़ गये न तुम उसके चक्कर में। आये चाहे भाड़ में जाये। तुम्हें फ्लाइट मैं पकड़वा दूंगा, देखता हूं कौन परेशान करता है तुम्हें।" और वह भी जूते खोलकर ऊपर की अपनी बर्थ पर चढ़ गया।

ऊपर की आमने-सामने की दोनों बर्थों पर लंबायमान फौजियों का छुट्टी मिलने की दिक्कतों, छुट्टी मिलने पर घर पहुंचते ही घर की तमाम दिक्कतों, परिजनों की उम्मीदों और मिल रही तनख्वाह में सामंजस्य न बैठ पाने की दिक्कतों इत्यादि पर केंद्रित वार्त्तालाप आधे-पौने घंटे चला।

फिर वे दोनों सो गये।

और उनके सो जाने के बाद ही सोयी अब तक उनकी बातें गौर से सुनती आ रही बुर्कानशीन महिला।

सुबह का उजाला फूटने में अभी घंटे-भर की देर थी, दिल्ली आने में भी ढाई घंटे से कम नहीं लगने वाले थे।

लंबा नौजवान काया को बर्थ से डिब्बे की फर्श तक एक प्रयत्न में पहुंचाते हुए भद्द से नीचे आया और एक ओर चल दिया।

पंद्रह–बीस मिनट बाद वह लौटा तो ऊपर की बर्थ से आवाज आयी, "हो लिये फ्रेश?"

"हां।" हँसते हुए लंबे नौजवान ने इतना कहा तो छोटे बालों वाला नौजवान भी उसी अंदाज में भद्द से नीचे उतर आया और बोला, "मैं भी फ्रेश हो लेता हूं।"

उसके जाने के बाद लंबे नौजवान ने नीचे की बर्थ के एक कोने पर आहिस्ता से बैठते हुए गर्दन मुश्किल से बीच की बर्थ से बचाकर निकाल ली।

"बेटा! इसे ऊपर कर लो तो आराम से बैठते हैं।"

अब नौजवान ने गर्दन झुकाकर बुर्कानशीन महिला की ओर देखा, "अरे! आप भी जगी हुई हैं।"

"हां, बीच वाले तो पहले ही उतर गये। इस बर्थ को उठा देते हैं।"

"नहीं, आप आराम से लेटे रहें। मुझे कोई दिक्कत नहीं है।"

"मुझे तो है। तीन घंटे से जगी हुई हूं। बेमतलब लेटने से ज्यादा परेशानी होती है।"

महिला अपने को समेटती–सी निकलीं तो नौजवान ने बीच की बर्थ ऊपर उठा दी।

तभी छोटे बालों वाला नौजवान लौट आया और आते ही बोला, "आप भी फौजियों की तरह सुबह होने से पहले ही उठ गयीं?"

बुर्कानशीन महिला के चेहरे पर एक बहुत ही क्षीण मुसकान उभरी, फिर जैसे अपने–आप से ही उसने कुछ बहुत ही धीमे स्वर में कहा।

फौजी नौजवान अपनी बातों में मशगूल हो गये थे। महिला जैसे अपने अंदर कहीं आंखें गड़ाये हुए लगभग ध्यान की मुद्रा में पैर बर्थ के ऊपर कर चुपचाप बैठी थी।

बाहर उजाला फूटने लगा था। लंबे नौजवान ने एक नजर खिड़की के पार डाली और फिर घड़ी देखकर बोला, "अभी एक घंटे से कम क्या लगेगा दिल्ली आने में!"

"हां, इतना तो लगेगा ही।" छोटे बालों वाला नौजवान बोला।

तभी देर से चुपचाप बैठी बुर्कानशीन महिला ने लंबे नौजवान से पूछा, "बेटा! टी.टी. से तुम्हारी बात हो गयी?"

"होऽ होऽ ।" लंबा नौजवान जोर से हँसते हुए बोला, "मैं तो उसे भूल ही गया। आया भी नहीं वह उसके बाद।"

"भूले ही रहो उसको।" छोटे बालों वाला नौजवान आराम से बोला।

"परेशान तो नहीं हो जाओगे तुम दिल्ली उतरने के बाद?" महिला ने फिर पूछा।

"मैं इसके साथ बाहर तक चलूंगा। देखता हूं कौन परेशान करता है फौजी को।"

लंबे नौजवान के कंधे पर हाथ थपक से मारकर छोटे बालों वाला नौजवान जोर से हँसा।

तभी साइड बर्थ वाला दढ़ियल नीचे की ओर मुंह झुकाकर बोला, "बड़ी कमीनी जात है काले कोट वालों की। अपना तो हर हफ्ते ही वास्ता पड़ता है।"

छोटे बालों वाले नौजवान ने उस ओर देखकर कहा, "अपना तो मौत की छाया से ही वास्ता पड़ता रहता है। उसके सामने काले कोट किस गिनती में हैं। हाः हाः हाः..."

लगभग अदृश्य ही पनीलेपन से भरी आंखों को बारी-बारी से दोनों नौजवानों पर टिकाकर बुर्कानशीन महिला बुदबुदायी, "खुदा तुम लोगों को अपने मुकाम पर सलामत रखें।"

अपनी बातों में मशगूल नौजवानों में से लंबे वाले की नजर एक क्षण को खिड़की के बाहर गयी तो वह बोला, "बस आ ही गया दिल्ली।"

"हां, शिवाजी ब्रिज निकल रहा है।" इतना कहकर छोटे बालों वाले नौजवान बर्थ के नीचे झुककर देखते हुए महिला से बोला, "आपके तो कई सामान हैं। कोई लेने आयेगा कि हमलोग बाहर तक पहुंचवा दें?"

"लेने आयेंगे।"

महिला के इतना कहते ही लंबा नौजवान बोला, "आपका बेटा रहता है क्या दिल्ली में?"

महिला का चेहरा एकदम से स्याह पड़ गया और वह बुदबुदायी, "बेटा..."

लंबे नौजवान की नजरों में परिवर्तन आया। उसने छोटे बालों वाले नौजवान से आंखों-आंखों में ही कुछ बात की। फिर महिला से बोला, "कोई परेशानी हो तो बताइए।"

बुर्कानशीन महिला ने एक नजर बाहर डालकर खिड़की से अब बिलकुल नजदीक आ गये नयी दिल्ली स्टेशन का अंदाज लिया और फिर झटके से बोली, "मेरा बेटा भी फौजी ही था तुम लोगों जैसा। शहीद हो जाता तो गम नहीं था। जालिमों ने..." और उसका गला जैसे रुंध गया।

"ओऽऽ ह!" नौजवानों के मुंह से लगभग एकसाथ निकला।

"मार दिया जालिमों ने दंगे में। छुट्टी में आया था। बस स्टेशन से घर के

रास्ते में ही..."

ट्रेन प्लेटफार्म पर दौड़ने लगी थी। यात्रियों के सामान निकालने-सहेजने की आवाज के बीच वे दोनों नौजवान चुपचाप बैठे हुए बुर्कानशीन महिला को देख रहे थे।

जैसे अपने को संभालकर महिला ने आहिस्ता से कहा, "अचानक तुमने पूछ लिया तो जज्ब नहीं कर पायी अपने को।"

नौजवानों ने अपने-अपने बैग बर्थ पर रखे। फिर छोटे बालों वाले नौजवान ने कहा, "चलिए, हम बाहर तक आपका सामान..."

"नहीं, बेटा। मेरे खाविंद आ रहे होंगे। उन्हें डिब्बा नंबर मालूम है। तुम जाओ, अपने साथी को हिफाजत से ले जाओ प्लेटफार्म के बाहर...खुदा तुम लोगों को अपने-अपने मुकाम पर सलामत रखे।" इतना कहकर महिला घुटनों पर हाथ रखते हुए उठी।

दोनों फौजियों ने बड़े अदब से झुककर महिला से विदा ली। महिला का चेहरा क्षणांश में ही दीप्त भी हुआ, तरल भी हुआ।

डिब्बे से बाहर प्लेटफार्म पर लंबे नौजवान ने अपना बोरानुमा बैग उतारा ही था कि झक सफेद दाढ़ी वाले एक सज्जन ने उससे पूछा, "एस नाइन यही है न?"

"यही है।" पीछे से उतर रहे छोटे बालों वाले नौजवान ने जवाब दिया।

दाढ़ी वाले सज्जन जैसे मुश्किल से अपने शरीर को समेटकर डिब्बे में ऊपर चढ़ गये।

लंबे नौजवान ने डिब्बे की ओर देखकर कहा, "वही होंगे।"

"शायद।" इतना कहकर छोटे बालों वाले नौजवान ने घड़ी देखी और आगे बढ़ने का इशारा किया।

# कचरा

मुझे अच्छी तरह याद है कि उस दिन दुकान का मालिक बहुत खुश था। उसे बड़ा ऑर्डर मिला था। वह हाथ में लंबी-सी लिस्ट लिये हुए दुकान के तहखाने में खड़ा था और लिस्ट में दर्ज तमाम सामान एक-एक कर गिन रहा था। फिर वे सारे-के-सारे आइटम एक जगह इकट्ठा किये गये और ट्रकों में लादकर एक बड़े से भवन में पहुंचाये गये। एक ट्रक में मैं भी लदा था और सबसे ऊपर होने के कारण रास्ते की धूल भी सबसे ज्यादा खाता आ रहा था। वैसे मैं जिस काम के लिए बनाया गया था, उसमें मेरी तय नियति यही थी। पर तब तक मैं काम में आना शुरू नहीं हुआ था और मेरा बदन भी बड़ा चिकना-चमकता-सा था न। हमारे बाप पॉलीइथाइलीन ने कितने तरह के कितने बच्चे पैदा किये, ये तो मुझे पता नहीं पर उस दुकान से मेरे साथ लदे चले मेरे सारे भाई उस भवन के बरामदे में एक जगह रख दिये गये। कुछ दिनों तक वैसे ही पड़े रहने के बाद हमें एक-एक कर उठाया जाने लगा। मुझे उठाकर उस भवन के एक कमरे में एक कोने की जगह पर आहिस्ता से रख देने वाले आदमी ने अपने साथी से कहा था, 'ये गेस्टहाउस का सबसे बढ़िया कमरा है।'

तभी मुझे मालूम हुआ कि इस भवन का नाम गेस्टहाउस है।

शुरू-शुरू में बड़ा अकेलापन लगता था। हफ्ते-दो हफ्ते पर कभी दरवाजा खुलता, कोई 'फट्ट-फुट्ट' की आवाज करता हुआ सारी धूल झाड़ता और फिर पीछे दरवाजा भड़ से बंद कर चल देता। मैं कुढ़कर रह जाता कि यहां लाया ही किसलिए गया हूं। दुकान के तहखाने में आसपास मेरे भाई तो दिखते थे, यहां आने के बाद तो पता भी नहीं चल पाया कि कौन भाई किस हालत में कहां पड़ा हुआ है।

फिर एक शाम अंधेरा छा ही रहा था कि दो आदमी घुसे और अपनी-अपनी अटैची कमरे के एक-एक कोने में रखकर पलंग पर धम्म से बैठ गये। मैं उनकी हरकतें गौर से देखता रहा और उनकी बातें सुन-सुनकर मामला समझने की कोशिश करता रहा। इतने सालों के बाद मुझे उनकी शक्लें तो ठीक-ठीक याद नहीं पर वे हर दूसरे-तीसरे वाक्य में 'डिजाइन', 'एस्टिमेट', 'डिटेल्ड इंजीनियरिंग', 'प्रॉजेक्ट माइलस्टोन' इत्यादि शब्द उछालते रहते थे। बातें करते हुए वे धुआं फेंकते

रहते थे और उनमें से लंबे वाले आदमी ने जब धुआं उगलती डंडी मेरे पास आकर मेरे अंदर फेंकते हुए 'बहुत सिगरेट पी डाली' कहा तो मुझे पता चला कि मेरा पेट हलके-हलके दागे जा रही वह डंडी सिगरेट कहलाती है।

बहुत बार हुआ कि हफ्ते-हफ्ते टिककर लगभग वैसी ही बातें करते हुए आदमी सब कमरे में ठहरते रहे और मेरे अदर बुझी हुई सिगरेट से लेकर रंग-बिरंगे कागज तक डालते रहे। मुझे लगा कि इस कमरे में एक ही तरह के आदमी आते जायेंगे। पर फिर परिवर्तन हुआ। भले मैं कचरा झेलने के लिए बनाया गया हूं, पर वैसी बदबू से मेरा वास्ता अब तक नहीं पड़ा था। एक दिन पूरे कमरे में उस बदबू को फैला रहा एक अलग ही-सी हरकतों वाला गंजा और मोटा-सा आदमी कमरे में ठहरने आया। उससे मिलने बड़े सारे लोग आते थे। उसकी बातें मुझे कम ही सुनायी देती थीं, क्योंकि वह बोलता बहुत धीमे था और हँसता बहुत जोर से था। जब एक रात बहुत बदबू फैलाकर भोजन कर रहे उस मोटू और उसके साथियों की बातों में ठहाके के साथ 'मिनिस्ट्री की पॉवर' जुमला बार-बार उछला तो मैंने अंदाज लगाया कि हो-न-हो मोटू का नाम 'मिनिस्ट्री' है।

और उस रात उसने मुझे बहुत डरा भी दिया। अपने अंतिम मिलने वाले के विदा होने के बाद मोटू देर रात को मेरे नजदीक आया और मेरे अंदर एक लंबी गर्दन वाली बोतल इस जोर से फेंक मारी कि मैं उस प्रहार से थरथराता हुआ कई मिनट तक डगमग डोलता रहा। डोलते-डोलते मैं अफना भी रहा था, क्योंकि वही बदबू मेरे अंदर से भी उठने लगी। थोड़ा स्थिर होने पर मेरी समझ में आया कि बदबू मेरे अंदर से नहीं, बोतल के अंदर से आ रही है।

उस बदबू से निजात पाने में कई दिन लग गये और वह भी तब जब नयी सफाई कर्मचारी ने मुझे अच्छी तरह से नहलाकर पोंछ भी दिया था। मैंने नोट किया था कि पहले वाले सफाई-कर्मचारी की अपेक्षा यह महिला बड़े कायदे से और एक-एक वस्तु पर रुककर सफाई करती थी। कभी-कभी वह काम करते हुए गुनगुनाती भी और उसकी मधुर आवाज मुझे तरंगित कर देती। जब मैं दुकान में अपने भाइयों के साथ पड़ा हुआ था तो वे मेरी इस क्षमता से आश्चर्यचकित भी हो जाते, चिढ़ भी जाते। उन्हें यह बात गले उतारने लायक नहीं लगती कि कैसे एक ही बाप की संतान होने के बावजूद उन्हें इनसानों की भाषा का एक शब्द नहीं समझ में आता और मैं सुना भी डालता उनको इनसानों की काफी कुछ बातें समझकर। जब मेरे भाई मुझसे बेहद ईर्ष्याग्रस्त हो उठते तो मुझे हरामी कहकर गाली देते, जैसे वे सारे तो पॉलीइथाइलीन की खलिस औलाद हैं और मुझमें कोई संकर तत्त्व भरा हुआ है। एक बार तो दुकानदार से एक पगले-से ग्राहक की जबरदस्त नोक-झोंक हो गयी और उस बतबड़ की बहुत-कुछ समझकर जहां मैं हँसे जा रहा था, वहां मेरे भाई मुझे देख-देख ऐसा मुंह बना रहे थे जैसे मैं अपनी

बेवकूफी का कोई अनोखा ही नमूना दिखाने पर आमादा हो गया हूं। पर जैसे भी हो, मुझे अपने भाइयों की कमी अब बड़ी खलती है। वे आसपास होते थे तो उनसे बोलना-बतियाना होता रहता था। इनसान न मेरी भाषा समझेंगे न उनसे मेरी बोलने की हिम्मत होगी। वैसे भी इनसानों के लिए मेरी बस एक ही उपयोगिता है—उनका फेंका हुआ कूड़ा-करकट मैं बिना किसी शिकायत अपने अंदर भरता चला जाऊं। न भरूं तो पड़ेगी लात जैसे उस गंजमोटू ने अगली बार आने पर मारी थी।

गंजा और मोटा, दोनों होने के कारण मैंने मन-ही-मन उसे गंजमोटू नाम दे दिया था। अबकी बार आने पर उसने कहीं ज्यादा बदबू बिखेरी और मिलने भी उससे कहीं ज्यादा लोग आये। इस बार उसकी बातों में 'मेरा कट' जुमला इतनी बार उछला था कि मुझे लगा कि गंजमोटू के बजाय उसे 'मेरा कट' नाम देना ही उचित रहता। मैं उसके आने के बाद से डरा हुआ था कि वह फिर मुझे बोतल फेंककर मारेगा और बदबू से भर डालेगा, पर उसने ऐसा कुछ किया नहीं। उलटे देर रात को दरवाजे पर हलके-हलके दस्तक हुई और एक खनकती-सी हँसी अंदर आती हुई सुनायी दी। फिर गंजमोटू के अजीब-अजीब से शब्द उस हँसी से गड्ड-मड्ड होते हुए कमरे में बड़ा रहस्यमय-सा ध्वनि-युग्म पैदा करते रहे। बहुत देर रात तक ऐसा होने के बाद वह हँसी अंतिम बार सुनायी दी और दरवाजा खुलकर झटके से बंद हो गया।

इसके बाद गंजमोटू को अपनी ओर आते हुए देख कर मैं डरा कि देर रात ही सही पर यह बोतल फेंककर मारना भूला नहीं है। पर उसने मेरे अंदर कोई बहुत छोटा-सा गुब्बारा फेंककर मारा। मुझे दर्द तो नहीं हुआ पर पता नहीं क्यों अच्छा नहीं लगा।

गंजमोटू दूसरे दिन सुबह ही कमरा छोड़कर चला गया। कमरा छोड़ने से ठीक पहले वह मेरे पास आया और पता नहीं क्या सोचकर मुझे एक लात लगा दी। उसके व्यवहार पर अभी मैं खीज ही रहा था कि उसके जाने के बाद सफाई करने आयी महिला ने मुझे उठाते ही दूसरे क्षण पटककर रख दिया।

वह बड़बड़ाये जा रही थी, 'हत् गंदे। पापी सब, हत्...'

मुझे महिला का बर्ताव समझ में नहीं आया। पहले सारा कूड़ा-करकट मेरे अंदर से निकालकर मुझे बड़े प्यार से नहलाती-पोंछती थी और वापस मेरी जगह पर आहिस्ता से रख देती थी। इस बार उसने मुझे सीधे छूने के बजाय एक पुराने से कपड़े को लगाकर छुआ जैसे मुझमें कोई छूत घुसी हो। और जैसे-तैसे साफ कर मुझे वापस अपनी जगह पर रखने के बाद वह गुनगुनायी भी नहीं, जैसा रोज ही किया करती थी।

उस दिन के बाद से गंजमोटू कमरे में फिर कभी नहीं दिखा। समय-समय पर मोटे से लेकर पतले और-और आदमी जरूर ठहरने आते रहे, पर आदमियों की

बातें अब मुझे चक्कर में डाल देतीं। दुकान में पड़ा हुआ था तो वहां होने वाली लगभग सारी ही बातें मुझे समझ में आ जाती थीं और मेरे भाई मुझे इनसानी भाषा का विशेषज्ञ ही समझकर ईर्ष्या भी किया करते। इस कमरे में आने के बाद भी जब-तब बातों में नये और अजीब शब्द उछलने के बावजूद मोटे तौर पर मैं कुछ-न-कुछ बात समझ ही ले रहा था। यह दौर हाल में ही आया कि शब्द के बाद शब्द न सिर्फ मेरी पहुंच से दूर लगने लगे बल्कि मुझमें उन शब्दों को लेकर अजीब-सा भय भी समाने लगा। कमरे में ठहरने वाले देखने में तो आदमी ही जैसे बने हुए थे, पर जब भी वे मेरे पास से गुजरते तो मुझे लगता कि उनके शरीर की गंध आदमियों जैसी बिलकुल नहीं है।

और फिर एक दिन सुबह-सुबह जब मैं खाली कमरे में अकेला पड़ा इनसानों की बदल रही गंध और अपनी पॉलीइथाइलीन बिरादरी की नियति पर इनसानों की तरह सोचने की कोशिश कर ही रहा था कि बाहर से आ रहे शोर ने मुझे चौंका दिया।

शोर तेज होता जा रहा था और मैंने उसमें से कुछ शब्द पकड़ने की कोशिश की।

"हमारी मांगें..."

"...चोर है"

"दलालों का राज...हाय! हाय!"

न मुझे तो ये आधे-अधूरे वाक्य समझ में आये और न ही ये शब्द। कमरे में आने के बाद इनसानों के मुंह से सुने सारे शब्दों से अलग ये बोले भी इतनी तेज आवाज में जा रहे थे कि इनके लफड़े वाले शब्द होने का डर समाने लगा। और फिर, ऐसे शब्दों से गुंथे हुए आधे-अधूरे वाक्यों का शोर मचना जैसे एक दैनिक कार्यक्रम ही हो गया।

बाहर जितना ज्यादा शोर होने लगा था, कमरे के अंदर उतनी ही चुप्पी छायी रहती। ठहरने आने वाले बहुत ही कम हो गये थे और आते भी तो बातें इतनी धीमी आवाज में करते कि मुझे कुछ नहीं सुनायी देता। एक बार दो आदमी ठहरने आये और देर तक पता नहीं क्या 'फुस्स-फुस्स' बतियाने के बाद जाते-जाते मेरे अंदर बहुत सारे कागज फाड़कर फेंक गये। उनके जाने के बाद गले तक कागजों से ठुंसा हुआ मैं असहाय पड़ा रहा। मुझे नहलाना-पोंछना तो दूर, मेरे अंदर फेंकी गयी चीजें निकाल लेना तक अब महीने-महीने बाद होने लगा। इनसानों की जात को लेकर मैं बहुत परेशान हो गया। मेरी समझ में ही नहीं आता कि ये सब चाहते क्या हैं। अबकी बार दरवाजा खुलने पर एक और नयी किस्म के आदमी के आ ठहरने की आशंका हुई ही थी कि आने वाला मेरी सफाई करने वाला निकला। वह एक बड़ा-सा बोरा लिये हुए था और मुझे उठाकर मेरे अंदर का सारा कूड़ा

एक झटके में बोरे में उलटने के बाद रोने जैसी आवाज में वह हँसते हुए बोला, "कबा ऽड़। सब कबा ऽड़।"

एक तो सुबह के बजाय शाम को सफाई करने पहुंचा और ऊपर से ऐसी हरकत! मुझे अब विश्वास हो ही गया कि आदमियों की नस्ल में कोई बहुत बड़ी गड़बड़ी घुस गयी है। वहां दुकान में जब पड़ा था तो आदमियों की बातों-हरकतों पर मेरे अंदर कभी डर नहीं पैदा हुआ। यहां तो अब ये हाल हो गया है कि डर पैदा करने वाली बातें-हरकतें मुझे सपने में भी नजर आने लगी हैं। पता नहीं कब तक मैं इस तरह डरा-डरा इस कमरे में पड़ा रहूंगा।

अकेलेपन और डर से जूझते हुए कितने दिन-रात गुजर गये, कुछ पता नहीं। न ठहरने वाले, न सफाई करने वाले और न ही बाहर शोर मचाने वाले—लगता था जैसे आदमियों की जात ही इस गेस्टहाउस नामक भवन के पास फटकना भूल गयी हो। कभी-कभार जब बाहर से चिड़ियों के चहचहाने की आवाज अंदर घुस आती, तभी मुझे तसल्ली हो पाती कि मैं होश में हूं और पॉलीइथाइलीन की वही पुरानी संतान हूं। अंदर से मैं खाली था पर मेरे बदन की बाहरी सतह पर धूल-दर-धूल जमती जा रही थी। कूड़ा-करकट अंदर भरना तो मेरी जाति का नियत काम ही था पर अपने पोर-पोर में धंसती जा रही ऐसी गलाघोंट धूल से पहली बार सामना पड़ा था।

अचानक एक दिन बहुत जोर की आवाज हुई तो मैंने समझा कि मेरे ऊपर की छत ही गिरने वाली है। पर वास्तव में, किसी ने दरवाजा लगभग लात मारने के अंदाज में खोला था।

धूल से भरी अपनी आंखें मिचमिचाकर मैंने माजरा देखने-समझने की कोशिश की। एक साथ कई एक आदमी घुस आये लग रहे थे। उनके हाथों में सफाई करने के तमाम उपकरण थे, जिनमें से कुछ को मैं दुकान में बिताये अपने दिनों के दौरान देख भी चुका था। वे आदमी मानो कमरे में पड़ी गंदगी पर टूट ही पड़े। मुझे एक आदमी ने गर्दन से पकड़कर कई झटके दिये, नहला-धुलाकर पोंछा और फिर मेरे अंदर एक तीखी खुशबू वाली फुहार डाल दी। फिर वह आदमी अपने साथी की ओर मुड़कर बोला :

"इस कमरे में यही एक चीज रखने लायक बची हुई है।"

मुझे बात का मतलब समझ में नहीं आया। हां, इतना अंदाज अवश्य लग गया कि कमरे में कुछ-न-कुछ होने वाला है। पर अच्छा होगा या बुरा, यह सोचते ही डर की एक नयी लहर ने मुझे लपेट लिया।

अब तक परिचित हर तरह की बदबू-खुशबू से बिलकुल ही अलग वह तीखी-सी खुशबू मेरे पेट में जैसे लहरा-लहराकर चक्कर लगाये जा रही थी। तभी कमरे का दरवाजा खुला और ढेर-सा सामान अंदर लाया जाने लगा। कमरे को

बिलकुल नये ढंग से सजाने के बाद एक हैट वाला आदमी घूम-घूम कर निरीक्षण करता रहा और फिर बाकी आदमियों से बोला :

"पर्रऽ ऽफेक्ट"

और वे सारे कमरे से बाहर चले गये।

कई दिन बीत गये। मैं समझ नहीं पा रहा था कि 'पर्रऽ ऽफेक्ट' का मतलब क्या है? कमरे में इतना सारा नया-नया लगता सामान ठूंस देने के बाद इसमें किसी के भी न ठहरने आने का मतलब क्या है? वह तीखी-सी खुशबू भी अब लगभग खत्म ही हो गयी थी और इससे मैं बड़ी राहत महसूस कर रहा था।

इस बार मुझे चौंकाते हुए दरवाजा इतने आहिस्ता से खुला कि घुस आये आदमियों का पता भी तब चला जब वे मेरी निगाह के बिलकुल सामने आ गये।

"परफेक्ट सेटिंग फॉर द डील!" कमरे का एक चक्कर लगाकर बड़ी-सी तोंद वाले आदमी ने कहा।

"येस् सर!"

"येस् सर!"

उसके साथ आये दोनों आदमियों ने एक के बाद एक ऐसा कहा।

'डील' शब्द मैंने पहले कभी नहीं सुना था। उस आदमी की बड़ी-सी तोंद के दायें-बायें दो पट्टे थे जो उसके कंधों तक पहुंचे हुए थे।

"अवर फ्यूचर डिपेन्ड्स आन द डील।"

"येस् सर!"

"येस् सर!"

बड़ी तोंद वाले की बात की जवाब में दोनों आदमियों ने फिर ऐसा कहा तो मैंने अंदाज लगाया कि शायद दोनों 'येस सर' के अलावा और कुछ कहना नहीं जानते हैं।

फिर वे तीनों चले गये और पीछे दरवाजा वैसे ही लगभग बे-आवाज बंद करते गये।

उनके जाने के बाद मुझे याद आया कि 'फ्यूचर' शब्द इस कमरे में बिलकुल शुरू-शुरू में ठहरने वाले आदमी भी इस्तेमाल किया करते थे, पर ये तीनों तो उन आदमियों जैसे बिलकुल नहीं लग रहे थे। और 'डील' का मतलब क्या है? पता नहीं क्यों आदमियों की भाषा के कुछ शब्द मुझे बहुत परेशान करते थे। 'डील' शब्द से भी मैं बहुत परेशान हो गया। जब भी मैं इस शब्द के बारे में सोचने की कोशिश करता, मेरे पेट पर एक जोर की लात लगती-सी महसूस होती। पर मैं यह नहीं समझ पाता कि मेरे आसपास किसी भी आदमी के नजर न आने के बावजूद मुझे ऐसा महसूस होता क्यों है?

मैंने इस तरह के आदमियों को पहले कभी नहीं देखा था। वे बिलकुल सुबह

कमरे में घुस आये थे और उनकी बातों का एक भी शब्द मैं समझ नहीं पा रहा था। वे सब-के-सब एक छोटे-से चमकदार डब्बे को घेरकर बैठ गये और बीच-बीच में कुछ बोलते रहते।

तभी उनमें से एक आदमी उठा और इधर-उधर नजरें घुमाकर मेरी तरफ आता हुआ दिखा। मैं डर गया और सोच ही रहा था कि लात अब पड़ी कि तब पड़ी। पर वह आदमी तुरंत ही वापस लौटने लगा और जाते-जाते बोला, "हॉरिबल वॉशरूम।"

'हॉरिबल वॉशरूम?'

मैंने अपने लिए ऐसा शब्द तो पहले कभी नहीं सुना था। ठहरने वाले आदमियों के मुंह से अपने लिए 'डस्टबिन' शब्द तो बार-बार सुन रखा था, सफाई करने आने वाले 'कचरा पेटी' कहकर भी चले जाते थे, पर ऐसा अजीब-सा लगता शब्द, 'हॉरिबल वॉशरूम!' क्या इन आदमियों की भाषा में मेरी पॉलीइथाइलीन बिरादरी इसी शब्द से पहचानी जाती है? यह प्रश्न मुझे परेशान कर ही रहा था कि उनमें से एक और आदमी उठकर उसी तरह से चलते हुए मेरे पास आया और मेरे अंदर कोई चीज थूककर जोर से बोला, "ब्लॉडी इंडियन!"

मैं सोच में पड़ गया। 'इंडियन' शब्द तो पहले कभी ठहरने आने वाले भी बोला करते थे, पर इस तरह से नहीं।

मेरी सोच में खलल डालते हुए दरवाजे पर दस्तक हुई और मेरे पास खड़े उस आदमी का सिर दरवाजे की ओर घूम गया।

वही बड़ी-सी तोंद वाला आदमी अपने साथ 'येस् सर!' कहने वाले दो आदमी लेकर आया था।

कमरे में तीखी खुशबू, खुशबू-बदबू, बदबू-तीखी खुशबू की जैसे लहर-दर-लहर उठ रही थी। मुझे बड़ी घबराहट हो रही थी कि ये सारे-के-सारे आदमी पता नहीं क्या करने पर आमादा हैं।

तभी 'हॉरिबल वॉशरूम' कहने वाले आदमी ने कुछ कहा और तुरंत ही बड़ी तोंद वाला बोल पड़ा :

"येस् सर!"

"येस् सर!", "येस् सर!" तोंद वाले के दोनों साथी लगभग एक साथ बोले।

फिर 'ब्लॉडी इंडियन' कहने वाले आदमी ने भी कुछ कहा।

तुरंत ही बड़ी तोंद वाला और उसके दोनों साथी सिर हिला-हिलाकर बोले, येस् सर! येस् सर! "इट्स अ डी ऽऽ ल!"

जोर से उन सारे आदमियों के इतना चिल्लाते ही मुझे ऐसा लगा कि मेरे पेट पर लात क्या, पूरा ट्रक ही दे मारा गया है। मेरी आंखों के सामने अंधेरा छा गया।

होश में आने पर मैंने अपने-आपको तमाम टूटे-फूटे और पुराने से लगते

सामान के साथ पाया। आसपास से आ रही आवाज को ध्यान से सुना तो समझ में आया कि मैं किसी ट्रक पर लदा हुआ हूं। ट्रक चलते हुए अजीब-सी 'गर्र ऽ गर्र ऽ' आवाज किये जा रहा था, मानो वह भी अपने ऊपर लदे हुए सामान की तरह टूटा-फूटा या पुराना हो।

'गर्र ऽ ऽ गाक्!'

जोर से आखिरी बार ऐसी आवाज निकालते हुए ट्रक जैसे ठप ही हो गया।

जमाने बाद मैं अपने आसपास खुली-खुली-सी जमीन महसूस कर रहा था। कमरे में बंद रहने से मुक्ति पाकर मैं खुश होने का इरादा कर ही रहा था कि तेज-तेज कदमों से इधर आते हुए आदमियों की आहट हुई।

वे ट्रक में लदे सामान को एक-एक कर उठा रहे थे और कितनी बेदर्दी से उठा रहे थे! एक हाथ मेरी गर्दन पर भी पड़ा। मुझे याद आया कि कितने प्यार से मुझे दुकान से निकालकर और ट्रक पर लादकर उस गेस्टहाउस नामक भवन में ले जाया गया था। जैसे इतनी बेदर्दी काफी नहीं थी, मुझे एक बदबूदार रास्ते से ले जाकर एक बड़े से गढ्डे में फेंक दिया गया। और उस गढ्डे में गिरते ही मैं आश्चर्यचकित हो गया।

मेरी ही तरह पॉलीइथाइलीन की औलाद मेरे कुछ भाई तो गढ्डे में आसपास नजर आ ही रहे थे, और-और वे सारे सामान भी नजर आ रहे थे जो हमारे साथ ट्रकों पर दुकान से लादे गये थे। पर कोई भी साबुत नहीं था। मैंने अपने गले पर जोर डालकर अपने भाइयों से अपनी भाषा में बात करना चाहा, पर कोई उत्तर नहीं आया।

मैंने फिर गला साफ किया ही था कि मेरे ऊपर कोई सामान गिरा, गले में धूल धसक गयी।

अब मुझे डर ने जकड़ लिया। मैं समझ गया कि कुछ ही देर में मेरे ऊपर गिराये जा रहे और-और सामान मुझे नीचे दबाकर ही रहेंगे।

मैंने बुरी तरह दुःख रहे अपने गले से फिर आवाज निकालने की कोशिश की, शायद आसपास वैसी ही हालत में पड़ा हुआ मेरा कोई भाई सुन ले। पर कोई उत्तर नहीं!

तभी 'धपाऽऽक्' की आवाज करते हुए मेरी बगल में कुछ गिरा। बड़ी मुश्किल से देखने की कोशिश की कि क्या गिरा है।

ओह्! ये तो वही सफाई करने वाली महिला थी, उसके गाल का हिस्सा मुझे स्पष्ट दिख रहा था। लाल-लाल खरोंचों से भरा उसका गाल इतना बदरंग हो गया था कि मैं बुरी तरह से डर गया। उस महिला ने कोई हरकत नहीं की। और आसपास पड़े सामान की तरह ही पड़ी उस महिला का ऐसा हाल क्यों हुआ, इतना मैं सोच पाता कि 'धपाऽऽक्' की एक और आवाज के साथ मेरे ऊपर ही कुछ

गिर पड़ा।

"दलालों का..." इन शब्दों के साथ मेरी आंखों के ठीक ऊपर खुला हुआ मुंह बंद हो गया।

मैं अपने ऊपर आ गिरे उस आदमी के नीचे दबा जा रहा था और मुझे याद आ रहा था कि ये तो वैसी ही आवाज थी, वैसे ही शब्द थे जिन्हें मैंने बहुत पहले गेस्टहाउस के पास मचे हुए शोर में सुना था।

न उस आदमी की बुरी तरह से फैल गयी आंखों में कोई हरकत हो रही थी, न मेरे ऊपर लदे हुए उसके शरीर में। बहुत पहले जब मैं दुकान में सजा हुआ पड़ा था तो दुकान में आये एक ग्राहक ने मेरी ओर उंगली उठाते हुए दुकानदार से कहा था, 'इसका कचरा हजारों साल तक नष्ट नहीं होता।'

आज अगल-बगल, ऊपर-नीचे सब ओर से कचरे में धंसा हुआ मैं शायद आखिरी बार आदमियों की तरह सोचने की कोशिश करते हुए उनकी भाषा में कचरे का ठीक-ठीक मतलब समझने...

"धपाऽऽऽऽऽक्।"

# मक्खी

सामान्य प्रशासन अनुभाग में अपनी मेज पर बस दो मिनट पहले लंच का डिब्बा रखकर पंखे की हवा में पसीना सुखाने में लगा केयरटेकर सुखबीर इंटरकॉम की टुनटुनाहट सुनकर भी अनसुना करता रहा।

तभी दरवाजे पर संयुक्त सचिव का चपरासी रामनिहोर अवतरित हुआ।

"सॉब बुला रहे हैं।"

कमीज के ऊपर वाले दो बटन बंद करते हुए सुखबीर बड़बड़ाया, "हो गयी सुबह खराब!"

दरवाजे पर 'टक, टक' करने के बाद सुखबीर आधा ही घुस पाया था कि अखबार को झंडा बनाकर लहराता हुआ अस्थाना साहब का हाथ नजरों के दायरे में आ गया। उसके अभिवादन का जवाब न देकर अस्थाना साहब बोले, "कोई नहीं है तुम्हारे सेक्शन में?"

"सर! मैं हूं और..."

"तो इंटरकॉम क्यों नहीं उठाया?"

"सर!..."

"घर भिजवा दूं तुम सारों को? एडमिनिस्ट्रेशन का मजाक बना रखा है! कमरे में मक्खी घूम रही है। सफाई का नामोनिशान नहीं है।"

इधर-उधर नजरें घुमाकर मक्खी का ठिकाना ढूंढ़ते सुखबीर के कानों में अब डपट कुछ ज्यादा ही जोर से पड़ी, "खड़े-खड़े दीवाल ताके जा रहे हो! जाओ, मक्खी को कमरे से बाहर निकलवाने का इंतजाम करो। तुरंत!"

और अस्थाना एक झटके में कुर्सी से उठ गये।

अस्थाना के पी.ए. के सामने सुखबीर मुंह लटकाये खड़ा हो गया।

"प्राजी! हम तो साहब की सेवा में कोई कसर नहीं छोड़ते हैं। आप ही..."

"अरे, यार! पंद्रह मिनट में उद्योग भवन के लिए निकलने वाले हैं। वहां मीटिंग एक घंटे तो चलेगी ही। करवा दे सफाई-वफाई इतने में।"

पी.ए. से सूत्र पाकर सुखबीर ने सफाई कर्मचारियों को कतार बांधकर खड़ा कर दिया और कमरा खाली होते ही एक कोने से दूसरे कोने तक चमकवाकर रख दिया, पर मक्खी कहीं नहीं दिखी।

"प्राजी! कोई कसर नहीं बची है कमरे में। आप भी चेक कर लो। पर मक्खी तो कहीं..."

पी.ए. ने एक बार फिर सामने आ खड़े हुए सुखबीर की ओर मुंह उठाकर देखा भी नहीं और आराम से आगे हुक्म सुना दिया, "कोने-कोने में फ्लिट करवा दो। मेज के नीचे भी।"

सुखबीर ने तुरंत मक्खीमार फ्लिट की फुहारें वांछित स्थलों पर पड़वा दीं। पर इसके बावजूद जिंदा या मुर्दा मक्खी न हवा में दिखी न फर्श पर।

अभियान के संपन्न हो जाने की सूचना पी.ए. को देने के बाद सुखबीर सीधे कैंटीन की ओर गया और दो कप चाय तथा तीन समोसे पीने-खाने के बीच पंजाबी की एक से बढ़ कर एक दमदार गालियां हवा में प्रक्षेपित करता रहा।

उद्योग भवन की मीटिंग के ठीक एक हफ्ते बाद एक मोटी-सी फाइल अस्थाना साहब की मेज पर आयी। बाकी फाइलें एक के बाद दस्तखत होकर वापस जाती रहीं, पर वह स्थूलकाय फाइल वहीं-की-वहीं पड़ी रही।

फिर वे दौरे पर निकल गये।

उनके दौरे पर रहने के दौरान सुखबीर ने उनके कमरे में एक राउंड और फ्लिट की मक्खीमार फुहारें पड़वा दीं और निठल्ले बैठे पी.ए. से कहता गया, "प्राजी! ऐसी फ्लिट करवायी है कि मक्खी दा प्यो भी मर जावे।"

पेंसिल को कनखोदनी बनाये पी.ए. उसके पीछे बड़बड़ा दिया, "झल्ले! साहब लोगों की मक्खी का तुझे क्या पता?"

दौरे से अस्थाना साहब के वापस आने के दो हफ्ते बाद भी फाइल-विशेष उनके कमरे से बाहर नहीं निकली तो मोटी फाइल भेजने वाले अफसर का हरकारा पी.ए. के पास पहुंचा।

"नहीं निकली है।"

पी.ए. का यह जवाब हरकारे ने अपने अफसर को जाकर बता दिया।

अगले दो हफ्तों में हरकारे और पी.ए. का क्रमशः सवाल वही, जवाब वही रहे।

अंततः अफसर-विशेष ने पी.ए. से खुद इंटरकॉम पर बात की।

"आप खुद ही बात कर लें साहब से। हम तो फाइल मूवमेंट की पोजीशन ही बता सकते हैं।"

पी.ए. ने अफसर-विशेष को सपाट-सा जवाब दे दिया।

हां, उस अफसर की व्यग्रता को अपने बॉस तक पहुंचाना भी पी.ए. ने अपना फर्ज समझा।

तत्काल, अस्थाना साहब ने पी.ए. से डिक्टेशन लेने को कहा।

फाइल के डेढ़ पन्नों पर छपी टेढ़े-दर-टेढ़े प्रश्नों का प्रक्षेपास्त्र बनी टिप्पणी

तीन घंटों के बाद अफसर-विशेष की व्यग्रता को हताशा में बदलने का सामान बन रही थी।

मोटी फाइल अस्थाना साहब के पास भेजने वाले अफसर की अक्ल भी मोटी नहीं थी। पर उसकी अक्ल के साथ दिक्कत ये थी कि सरकारी काम में भी सीधे रास्ते से चलती थी। हाल में ही उसने इस डिवीजन का चार्ज लिया था और बजाय इसके काम के कुछ टेढ़े इलाकों के टेढ़ेपन की सम्यक् समझ विकसित करने के, हर फाइल को एक समान तरीके से निपटाने की कार्य-पद्धति कुछ ज्यादा ही स्पष्ट रूप से अपनाता-दिखाता चल रहा था।

इस डिवीजन में उसके बॉस घोष साहब उसकी अक्ल में उपस्थित कमी-विशेष को शुरुआती दिनों में ही ताड़ गये थे। पर न तो इतना मेहनती अफसर अब तक डिवीजन में आया था और न ही अब तक टेढ़े प्रस्ताव में निहित सुखद संभावनाओं वाली फाइल निपटाने का कोई मौका सामने आया था।

एक पेंच और था। अहं के टकराव के दफ्तरी इतिहास में कई बार अस्थाना और घोष आमने-सामने हो रखे थे। सर्वोच्च अधिकारी द्वारा ही कोई विकल्पहीन परिस्थिति निर्मित हो, तभी घोष अस्थाना से बात करते थे। पर अहं की ऐंठन में अपने हितों की गर्दन फंसाना तो कोई बुद्धिमानी नहीं होगी न!

फाइल पर अपने प्रस्ताव और उसमें तमाम छेद निकालने वाली अस्थाना साहब की टिप्पणी पर घोष के सामने जब अफसर-विशेष का गुबार निकल गया तो घोष ने आराम से कहा, "बाद में बात करेंगे इस नोट पर।"

उसके चेहरे पर छाये मासूम से असमंजस पर घोष को हँसी आने को हुई। बोले, "बाद में बात करेंगे न।"

"पर, सर! प्रॉजेक्ट अप्रूवल कमिटी की अगली मीटिंग में हम क्या बतायेंगे? इस तरह प्रॉजेक्ट अटकते रहे तो इस साल का हमारा टार्गेट..."

उसकी बात पूरी होने से पहले घोष ने जरा जोर से कहा, "कहा न कि बाद में बात करेंगे।"

अफसर-विशेष अपने चेहरे पर छाये असमंजस-विशेष को साथ लिये कुर्सी से उठ गया।

प्रस्ताव-विशेष का निमित्त बने उद्योग-समूह से घोष के हर तरह के ताल्लुकात पुराने थे। पुराने परिचित के प्रस्ताव पर आयी नये तरीके की अड़चन को दूर करने का तरीका घोष ने बड़े कायदे से समझा दिया। सब-कुछ समझकर उद्योग-समूह का विशेष प्रतिनिधि अस्थाना के बारे में अपना होमवर्क ढंग से करने के बाद उनसे मिला। मुलाकात और अड़चन दूर करने के अपेक्षित इंतजाम की रिपोर्ट घोष तक पहुंच गयी तो उन्होंने मोटी फाइल को अपने मातहत अफसर से मंगा लिया। उसी समय उद्योग-समूह का एक विस्तृत-पत्र घोष की मेज तक

पहुंचा जिसे फाइल में यथास्थान लगा दिया गया। पत्र-विशेष के माथे पर रंगीन पताका फहराकर टिप्पणी-विशेष में निहित हर टेढ़े प्रश्न का सरल उत्तर घोष ने लिखवा दिया और मोटी फाइल मय उनके दस्तखत की मक्खी अस्थाना की मेज पर पहुंच गयी।

अस्थाना ने घोष की प्रति-टिप्पणी पर नजरें फिराने में मात्र एक मिनट का समय लिया और नीचे अपने दस्तखत की भी मक्खी बैठाकर फाइल वापस भिजवा दी।

फाइल सकुशल निपट जाने और एकमात्र बचे प्रस्ताव का अनुमोदन हो जाने से प्रसन्न अफसर-विशेष की सीधे रास्ते चलने वाली अक्ल में बड़ी कोशिश के बाद भी यह नहीं घुस पाया कि इतने टेढ़े लग रहे प्रश्नों के इतने सरल उत्तर कैसे हो सकते हैं और इन सरल उत्तरों से अस्थाना साहब इतनी आसानी से कैसे संतुष्ट हो सकते हैं? बहरहाल, उसने बिना और समय गंवाये मंजूरी की चिट्ठी जारी कर दी।

कुछ दिनों के बाद लिफ्ट में अस्थाना के पी.ए. की मुलाकात अफसर-विशेष से हो गयी।

दुआ-सलाम के बाद पी.ए. ने लापरवाही से कहा, "मिल गयी न फाइल वापस आपको?"

"हां, हां। थैंक्यू!" अफसर मुसकरा दिया।

लिफ्ट से निकलने के बाद पी.ए. अपने कमरे में पहुंचा ही था कि दरवाजे पर सुखबीर की आवाज गूंजी, "प्राजी! करवा दूं फिर फ्लिट मक्खी-शक्खी निकालने वास्ते?"

चिढ़ से सिर उठाकर पी.ए. बोला, "अरे, तू जा अपना काम कर।"

सुखबीर के जाने के बाद पी.ए. ने बुरा-सा मुंह बनाया और बड़बड़ाया, "ये झल्ला और वो खोता-एक ही बाप की औलाद लगते हैं। अरे, मक्खी को उड़ाने-बैठाने के भी तरीके होते हैं..."

# दिमाग

दिमाग वाले दोपाये जानवरों की गणना के अनुसार यह बाईसवीं सदी की शुरुआत थी। उनके लिए यह संतोष की बात थी कि अब तक बेदिमाग-बेजुबान चौपाये जानवरों की लगभग हर किस्म को या तो खत्म किया जा चुका था या उनके मतलब से 'उत्पादक' यानी काम के पालतू चौपाया जानवरों में तबदील किया जा चुका था। पर चौपाये जानवरों की बात दोपायों में चलते ही 'लगभग' शब्द संतोष का जायका बिगाड़कर रख देता था।

दोपायों मे प्रचलित शब्दावली में 'जंगली कुत्ते' के रूप में वर्गीकृत चौपाये जानवरों के एक झुंड ने दोपायों के 'उत्पादक चौपाया' प्रॉजेक्ट को अब तक पूर्ण सफलता की मंजिल हासिल नहीं होने दी थी।

इस बार दिमाग वाले दोपायों की आलाकमान ने अपने संतोष में सालों से चुभते आ रहे 'लगभग' के कांटे को निकाल फेंकने का निर्णय लेने के साथ निर्णय लिया था इस मुहिम में कमान पूरी तरह से 'उत्पादक कुत्तों' को सौंपने का।

'उत्पादक कुत्तों' की एलीट हमलावर टुकड़ी की मदद के लिए भी दिमाग वाला कोई दोपाया नहीं उपस्थित था। मदद का जिम्मा पूरी तरह लोहादिमागों ने संभाल रखा था जिन पर दिमाग वाले दोपाये अब बहुत ज्यादा निर्भर रहने लगे थे।

लोहादिमागों का दिमाग ही नहीं, पूरा-का-पूरा शरीर लोहे का था। दिमाग वाले दोपाये इन लोहादिमागों को अपने दिमाग की 'सर्जनात्मक क्षमता' का जीता-जागता प्रमाण बताते हुए इतराते रहते थे। वैसे 'उत्पादक चौपायों' की किसी भी जाति के किसी भी सदस्य को कभी यह नहीं समझ में आ पाया कि ये लोहादिमाग जीते कैसे हैं, जागते-सोते कैसे हैं?

एलीट हमलावर टुकड़ी का नेतृत्व स्वर्णखचित पट्टे वाले 'उत्पादक' कुत्ते ने संभाल रखा था और दो रजतखचित पट्टे वाले, पांच ताम्रखचित पट्टे वाले तथा दस लौहखचित पट्टे वाले 'उत्पादक' कुत्ते टुकड़ी के अन्य सदस्य थे। इस टुकड़ी और मददगार लोहादिमागों की टुकड़ी का तालमेल ध्वनि-तरंगों के माध्यम से हो रहा था। उत्पादक कुत्तों की उत्पादक 'भौं-भौं' का नियंत्रित आरोह-अवरोह लोहादिमागों के लक्षित-वांछित बटन को स्वत: चालित कर देता था।

अभियान की शुरुआत पर एलीट टुकड़ी के सरदार ने बाकी सदस्यों को आगाह करते हुए कहा, "हमें उन भटके हुए अनुत्पादक जातिभाइयों को उत्पादक लाइन पर लगाने के काम को आसान नहीं समझना है। याद रहे, हमारे मालिक लोग पहले कितनी सारी कोशिशें कर चुके हैं पर बिना किसी खास सफलता के।"

"भौं-भौं" चूंकि सम पर की गयी थी, इसलिए लोहादिमागों ने कोई हरकत दर्ज नहीं की। हां, सरदार की बात खत्म होते ही टुकड़ी के सदस्यों ने खड़े कानों के साथ ही मुंह लोहादिमागों की दिशा में एक क्षण घुमाया जरूर।

फिर स्वर्णखचित पट्टे वाले से निर्देश मिलते ही दोनों रजतखचित पट्टे वाले 'उत्पादक' कुत्तों ने लौहखचित पट्टे वालों को विशेष हिदायत जारी की, "हमले के दौरान भूल से भी लोहादिमागों के लोहाबदन से बदन न सटा बैठना, समझे कि नहीं?"

दस के दस एक ही अंदाज में दायें-बायें दुम हिलाकर हिदायत के समझ में बैठ जाने की तसदीक कर दिये। इसके बावजूद ताम्रखचित पट्टे वाले 'उत्पादक' कुत्तों ने हिदायत को उनके थोड़ा और नजदीक जाकर थोड़ी और तेज 'भौं-भौं' के माध्यम से एक बार फिर जारी कर देना अपना कर्त्तव्य समझा।

इस बार लौहखचित पट्टे वाले 'उत्पादक' कुत्तों ने जवाब में जिस अनियंत्रित ढंग से 'भौं.भौं' की, उसके फलस्वरूप सारे लोहादिमाग एक साथ टुनटुना कर हरकत में आने लगे।

स्वर्णखचित पट्टेवाले 'उत्पादक' कुत्ते ने बिना समय गंवाये इमरजेंसी बटन को वापस बंद करने वाली ध्वनि-तरंग न पैदा की होती तो गजब हो जाता।

इस खास ध्वनि-तरंग को पैदा करने का प्रशिक्षण दोपायों ने सिर्फ स्वर्णखचित पट्टे वाले को ही दिया था, पैदा करने की सशर्त अनुमति के साथ। और दोपायों ने, अभियान के 'उत्पादक' कुत्तों के लिए अदृश्य, कंट्रोल-रूम में सारे वाकये को देखा-समझा तो उन्हें स्वर्णखचित पट्टा प्रदान करने के अपने सही चुनाव पर संतोष हुआ।

सारे लोहादिमाग वापस स्थिर हो गये तो उनके भावहीन लोहाचेहरों पर नजरें फिराने के बाद स्वर्णखचित पट्टे वाले ने बाकी पट्टाधारी कुत्तों को संबोधित किया, "आजाद कुत्तों की हर आदत हमारे लिए गुनाह है..."

"हम उत्पादक कुत्तों को हमारे मालिक दोपाये हर वो सुविधा दे रहे हैं जो आजाद कुत्तों के ख्वाब में भी नहीं आ सकती। हम अपने मालिकों के शुक्रगुजार हैं...

"हमारे मालिकों ने हम पर भरोसा कर इस मोर्चे को अपने बूते पर फतह करने का काम सौंपा है। हर उत्पादक कुत्ते को इस पर गर्व होना चाहिये... लोहादिमाग हमारी मदद के लिए हैं, यही बताता है कि हमारे मालिक हमारा

कितना खयाल रखते हैं। लोहादिमागों की मदद की कोई भी काट आजाद कुत्ते नहीं निकाल सकते...

"हमें ऐसी कोई भी हरकत नहीं करनी चाहिए जो लोहादिमागों की मदद में खलल डाले। हर उत्पादक कुत्ता अपने पट्टे की कसम खाये..."

लंबे चले प्रवचन को भी कान पूरे खड़े कर सुन रहे सारे पट्टाधारी कुत्तों ने अपनी-अपनी दुम सामान्य से दोगुनी गति से हिलाकर कसम खायी कि वे अभियान की सफलता के प्रति समर्पित हैं। कुत्तों की 'उत्पादक-क्षमता' को लगातार मुंह चिढ़ाते आ रहे, दांत दिखाते आ रहे आजाद कुत्तों को दोपाये मालिकों की उत्पादन-शृंखला में अंतत: ला बांधने की मुहिम के वफादार सिपाही हैं।

जंगल का यह हिस्सा दोपायों के सूचना-तंत्र में अब तक सिर्फ इसलिए दर्ज नहीं हो पाया था कि मैपिंग पर लगे लोहादिमागों की चार्जिंग इस मुकाम पर आकर मद्धम पड़ गयी थी और वैकल्पिक लोहादिमाग जरूरत से ज्यादा चार्जिंग से लैस होकर मैपिंग का बकाया काम इससे कहीं ज्यादा आगे जाकर शुरू कर बैठे थे। पर आजाद कुत्तों ने अपनी आजाद घ्राण-शक्ति से न सिर्फ इस कमी को पकड़ लिया था, बल्कि अपने जानी-दुश्मनों की कमी को अपनी ताकत बनाते हुए इस पूरे अलक्षित-सुरक्षित इलाके की घ्राण-मैपिंग कर इसे अपना ठिकाना बना लिया था।

आजाद इलाके की आजाद हवा में आजाद खयाल होकर उतनी ही आजाद कुतियाओं से संसर्ग कर उन्होंने अपनी तादाद भी पट्टाधारी कुत्तों का मुकाबला करने लायक बढ़ा ली थी।

दोपायों के 'उत्पादक हमले' के हर संस्करण से सही सलामत बच निकला सबसे अनुभवी योद्धा-कुत्ता शेरू जो इस समय एक छोटी-सी शिला पर बैठकर सामने उपस्थित पूरी आजाद बिरादरी से मुखातिब था :

"दोपायों को अपने दिमाग पर घमंड है...अपने दिमाग के बूते पर हमें छोड़कर सारे चौपायों को चाकर बना चुकने के बाद भी इस बार के हमले में वे अपने दिमाग पर नहीं बल्कि लोहादिमागों पर भरोसा कर रहे हैं...

"और लोहादिमागों की मदद से हमारी आजादी छीनने की मुहिम की कमान सौंपी गयी है, हमारी ही शक्ल-सूरत रखने वाले पर दिलो-दिमाग दोपायों के पास बंधक रख चुके हमारी ही बिरादरी के चौपायों को..."

इतना कहकर शेरू रुका और नौजवान सदस्यों की दिशा में देखकर बोला, "कोई प्रश्न पूछना चाहे तो पूछ सकता है।"

पैदाइश के पांच दिन बाद ही अपने दौड़ने की रफ्तार से बड़े कुत्तों को आश्चर्य में डाल देने के कारण 'फर्राटा' नाम अर्जित कर चुके नौजवान कुत्ते ने पूछा, "उनके सरदार का नाम और पहचान क्या हैं?"

तिरस्कार में 'भुह' करते हुए शेरू ने स्पष्ट किया, "गुलाम का नाम बस गुलाम होता है और उसकी पहचान है गुलामी का पट्टा। पीली चमक मारने वाला पट्टा बांधे कुत्ताकुलबोरन है, उनका सरदार बना हुआ।"

"बस...बस। यही था!"

नौजवान कुत्ते के इतना कहते ही शेरू ने चौंकते हुए पूछा, "क्या तुम उसे देख चुके हो?"

"हां, मैं हवा की तरह गया था और हवा की तरह वापस आ गया। यही था वहां सारे पट्टे वालों को कुछ बताता हुआ-सा।"

शेरू सोच में पड़ गया। फिर बोला, "कुछ समझ पाये क्या?"

फर्राटा कान दो बार खड़े करने के बाद अपेक्षाकृत धीमी 'भौं-भौं' कुछ इस तरह से निकालने लगा जैसे एक 'भौं' दूसरी 'भौं' से लड़ने पर आमादा हो।

शेरू जितना ही समर्थ योद्धा बाघा फर्राटा को बीच में टोक बैठा, "ये आजाद कुत्तों के भौंकने का तरीका नहीं है।"

अब फर्राटा अपनी सामान्य आवाज में कह उठा, "बाघा चाचा ठीक कह रहे हैं। इस अंदाज में काली चमक के पट्टे पहने गुलाम कुत्ते भौंकना शुरू किये ही थे कि सारे लोहादिमाग हिलने लगे थे। फिर पीली चमक के पट्टे वाला कुछ अजीब ही तरह से भौंका और लोहादिमाग एकदम से ठहर गये। मैं बस इतना देख कर वापस दौड़ लगा बैठा।"

सारे आजाद कुत्ते कान खड़े कर सोच में पड़ गये। फिर, छह महीने का होते ही छह वर्ष के कुत्ते जैसा भौंकने के लिए अगुआ नाम से पुकारा जाने वाला नौजवान कुत्ता झटके से बोल पड़ा, "माजरा कुछ-कुछ तो समझ में आ ही गया।"

सारे आजाद कुत्तों की आंखें अगुआ की ओर घूम गयीं।

"भौंकने का तरीका!"

इतना कहकर अगुआ दो क्षण रुका और फिर बोला, "लोहादिमागों को दोपायों की जाति ने अपना काम करने के लिए बनाया है, कुत्तों का काम करने के लिए नहीं। इस बार दोपायों ने हम आजाद कुत्तों की आजादी छीनने के लिए गुलाम कुत्तों को लगाया है और मदद के लिए लोहादिमागों को उनके साथ रखा है। जरूर दोपायों ने लोहादिमागों को गुलाम कुत्तों की बात उनके भौंकने के तरीके से समझ लेने के लिए तैयार कर भेजा है।"

आजाद कुत्तों की प्रशंसात्मक 'भौं-भौं' वातावरण में गूंज उठी। शेरू अपनी जगह से उतरकर अगुआ के पास पहुंचा और अपना दायां पंजा उसकी पीठ पर थपथपाते हुए बोला, "हम सारे आजाद कुत्तों को तुम्हारे दिमाग पर गर्व है। सारे चौपायों को बेजुबान-बेदिमाग कहकर नीचा देखने वाले दोपायों का बाप भी नहीं समझ पायेगा कि उनकी चाल समझ लेने लायक दिमाग हमारे अगुआ के पास है।"

कुछ देर तक शेरू और बाघा अगुआ द्वारा दिये गये सूत्र के मद्देनजर लड़ाई की रणनीति पर विचार-विमर्श करते रहे और हर आजाद कुत्ते को उसके जिम्मे काम की महत्ता समझाते रहे। फिर शेरू ने समापन में सबको संबोधित करते हुए कहा, "मैं जानता हूं कि आप सबके शिकार पर जाने का समय हो गया है। भूख मुझे भी लग रही है। पर मैं एक बार फिर आपसे यह कहना अपना फर्ज समझता हूं...

"आजाद रहना जिंदा रहना है। गुलाम की कोई जिंदगी नहीं होती। हम लड़ते-लड़ते खत्म हो जायेंगे पर अपनी आजादी को लेकर कोई समझौता नहीं करेंगे...

"दोपायों ने पूरी चौपाया जाति का अपने मतलब के लिए इस्तेमाल किया है। यह धरती सबकी है, जंगल-पहाड़ सबके हैं, हवा-पानी सबके लिए है। सारे प्राणी आजाद पैदा हुए हैं, पर दोपाये अपने दिमाग की ताकत से सारे ही प्राणियों को गुलाम बनाने पर आमादा हैं। आज हमारे अगुआ ने हमें दिखा दिया है कि दिमाग हमारे पास भी कम नहीं है...

"याद रहे, दुश्मन बहुत चालाक है। पर हमें उसकी चालाकी अगुआ ने समझा दी है। सारे आजाद कुत्तों को अपनी आजादी की कसम है कि एकजुट होकर लड़ें और दोपायों की चालाकी के चीथड़े उड़ा दें..."

सारे आजाद कुत्तों ने कसम खायी और अपने-अपने भोजन का इंतजाम करने जंगल के अंदर पैठ गये। अब तक कुत्तों की बातें बिना कुछ बोले ध्यान से सुनती आ रही आजाद कुतियाओं ने आपस में मंत्रणा की और तय किया कि आगे बढ़-चढ़कर मोर्चा संभालने वाले लड़ाकों के पीछे वे रसद तथा घायलों की देखभाल के लिए डटी रहेंगी और वक्त का तकाजा हुआ तो लड़ने से भी नहीं हिचकेंगी। शेरू की प्रिय कुतिया कट्टो दांत-से-दांत रगड़कर बोली, "याद रहे, एक ही आजाद दांत दस गुलाम कुत्तों की गर्दन फाड़ने के लिए काफी है।"

मॉनिटर पर लड़ाई का हाल देख रहे दोपायों के चेहरे खिलते जा रहे थे। मोर्चे पर लोहादिमागों को लगाने का निर्णय सही साबित होता दिख रहा था। स्वर्णखचित पट्टे वाले 'उत्पादक' कुत्ते और उसके दोनों रजतखचित पट्टे वाले सहयोगियों द्वारा विशेष रूप से नियंत्रित भूंक का खास आरोह-अवरोह लोहादिमागों के लोहे के हाथों में फिट चुंबक-चिप्पड़ को स्वतः एक नियत दूरी के अंदर आ गये आजाद कुत्तों की तरफ प्रक्षेपित कर दे रहा था। चुंबक-चिप्पड़ के पीठ पर चिपक जाते ही आजाद कुत्ते जैसे किसी अदृश्य शक्ति द्वारा बड़े जोर से खींचे जाते हुए बेबस से एक विशेष रूप से बने बाड़े की ओर बढ़ते चले जाते। यह बाड़ा दोपायों

की आलाकमान के विशेष निर्देश के तहत विशेष रूप से बनायी गयी 'उत्पादक प्रयोगशाला' थी जिसमें 'अनुत्पादक' चौपाये को 'उत्पादक' बनाने का काम होता था। लोहादिमागों के शिकार बने आजाद कुत्ते एक बार बाड़े में पहुंच जाते तो बेदम से पड़ जाते। विशेष ही किस्म के लोहे से बने दिमाग वाले कुछ लोहादिमाग बाड़े का चार्ज संभाले हुए थे जिनको नियंत्रित करने वाला सिगनल सीधे दोपायों से मिलता था।

आजाद कुत्तों के समूह में निराशा छाने लगी थी। तीन बेहतरीन लड़ाके लोहादिमागों के ट्रैप में फंसकर दुश्मन द्वारा बंदी बनाये जा चुके थे और शेरू की समझ में यह नहीं आ रहा था कि इस खास किस्म के हमले का जवाब कैसे दिया जाये।

"लड़ तो लोहादिमाग रहे हैं जिनसे लड़ने का हमें कोई अनुभव ही नहीं है।" शेरू ने अपनी परेशान निगाहों को अपने बाकी बचे लड़ाकों की ओर जमाते हुए कहा।

बाघा कसमसाहट से भरी गुर्राहट निकालकर बोला, "इन गुलामों को फाड़ने में हमें जरा भी समय नहीं लगता। पर वे तो कुछ कर ही नहीं रहे लड़ने के नाम पर..."

"कर रहे हैं, बाघा चाचा। वे लोहादिमागों को हथियार बनाकर लड़ रहे हैं।"

फर्राटा की बात को ही आगे बढ़ाते हुए अगुआ बोल पड़ा, "असली लड़ाई तो दोपायों के साथ है। लोहादिमाग हों या वे गुलाम, सारे दोपायों के दिमाग से..."

बात अचानक बीच में ही रोककर अगुआ जैसे गंभीर सोच में डूब गया। आजाद कुत्ते चुपचाप उसकी बात पूरी होने का इंतजार करते रहे। जब चुप्पी ज्यादा ही देर तक चली तो शेरू ने कुछ कहने के लिए मुंह खोला। अभी उसका मुंह आधा ही खुल पाया था कि अगुआ ने फर्राटा की ओर मुंह घुमाकर पता नहीं क्या इशारे में कहा और दोनों नौजवान कुत्ते जैसे हवा पर सवार होकर निकल गये। शेरू ने बाघा से कहा, "हुआ क्या?"

"पता नहीं।" बाघा किंचित भ्रम में पड़ा हुआ-सा बोला।

घायल आजाद कुत्तों की सेवा-सुश्रूसा कर अभी ही पहुंची कट्टो बोली, "कायर दोपाये सामने आकर लड़ते तो अपने दांतों से उनकी हड्डियां तक काट कर दिखा देती।"

दोपायों की रेडियो फ्रीक्वेंसी पहचान योजना के दायरे में आ चुके सारे 'उत्पादक' चौपायों की एक-एक गतिविधि की सूचना मॉनिटर पर उभरती रहती थी। आजाद कुत्तों के जंगल के अलक्षित-सुरक्षित इलाके में लुप्त हो जाने के बाद मोर्चे पर लगे 'उत्पादक' कुत्तों को मॉनिटर पर एक ही जगह कदमताल करते

देखकर दोपायों की आलाकमान को झुंझलाहट हुई। अंततः राय-मशविरा कर दोपायों ने स्वर्णखचित पट्टे वाले 'उत्पादक' कुत्ते को मोर्चा छोड़कर भाग चले 'अनुत्पादक' कुत्तों की तलाश में आगे बढ़ने का निर्देश दिया।

'उत्पादक' कुत्तों की टुकड़ी दायें-बायें चल रहे लोहादिमागों की मददगार सुरक्षा में मुंह उठाकर सीधे बढ़ चली।

ठीक इसी समय थोड़ी-सी ऊंचाई पर स्थित सुरक्षित स्थान पर टोह लेने आ बैठे अगुआ और फर्राटा ने अपनी सतर्क निगाहों के दायरे में आ चुकी इस गतिविधि पर गौर फरमाया।

पट्टाधारी कुत्तों की टुकड़ी के एकदम दायें चल रहा एक लौहखचित पट्टाधारी कुत्ता न जाने किस 'उत्पादक' झोंक में आकर चलते-चलते दायें झोल मारते हुए उछल पड़ा।

इसके पहले कि टुकड़ी का कोई और सदस्य कुछ समझ पाता, वह कुत्ता दायीं ओर चल रहे एक लोहादिमाग के लोहाशरीर से ऐसा कस कर चिपक गया कि उसके आर्तनाद से सारे ही कुत्तों के शरीर कांपने लगे।

सामान्य तौर पर ठसक भरी धीमी चाल रखने वाला स्वर्णखचित पट्टे वाला कुत्ता बिजली की तेजी से दौड़ता हुआ आगे आया और खास-से अंदाज में 'भौं-भौं' कर उठा। हरकत में आ चुका लोहादिमाग-विशेष तत्काल शिथिल पड़ने लगा और अंततः स्थिर हो गया। उसके स्थिर होते ही उससे चिपक चुका कुत्ता 'लद्द' से नीचे गिर पड़ा।

अदृश्य-अलक्षित ही बने हुए अगुआ और फर्राटा ने न सिर्फ यह सब देखा बल्कि देखने के बाद आपस में सलाह भी की।

फिर वे तीर की तरह वापस दौड़ चले।

शेरू, बाघा, कट्टो जैसे वरिष्ठ आजाद कुत्ते-कुतियाएं बेहद गंभीर मुद्रा में आपस में सलाह करते हुए बैठे थे। आजाद कुत्तों की आजादी ही नहीं, अस्तित्व भी खतरे में था, क्योंकि उनके लिए आजादी खोने के बाद जीने का कोई मतलब नहीं था। शेरू कैद किये जा चुके तीन आजाद कुत्तों को छुड़ा लाने की एक के बाद एक तरकीब सोचता-बताता जा रहा था, पर हर तरकीब लोहादिमागों की काट न निकाल पाने के कारण लागू करने लायक नहीं समझी जा रही थी। एक बात पर जरूर सब सहमत थे कि रणनीति जब तक तय न हो जाये, आगे बढ़कर लड़ने के बजाय सारे आजाद कुत्ते इस अलक्षित-सुरक्षित इलाके में ही बने रहें।

जिस रफ्तार से दौड़ते हुए फर्राटा और अगुआ उनके बीच आ पहुंचे, वह सारे आजाद कुत्तों के कान आश्चर्य से खड़े कर देने के लिए काफी थी।

कुछ देर तक वे दोनों नौजवान कुत्ते जीभ लंबी निकालकर सांसें सामान्य करने की कोशिश करते रहे।

सारे आजाद कुत्तों की निगाहें उन पर जमी हुई थीं।

पहले फर्राटा बोला, "हम वहां हो आये। उन गुलामों की कमजोरी भी देख-समझ आये।"

हर आजाद कुत्ता अपनी-अपनी जगह से कुछ इंच आगे खिसक आया।

इसके बाद हिकारत से भरी एक हलकी-सी 'भुह' निकालकर अगुआ ने शेरू की ओर नजरें घुमायीं और कहा, "शेरू चाचा! उनकी कमजोरी देख-समझकर उनको मात देने का तरीका भी मेरे दिमाग में आ गया।"

अपने आकाओं के निर्देश के अनुसार 'उत्पादक' कुत्ते लोहादिमागों की आश्वस्तिदायक मौजूदगी में बढ़ते जा रहे थे। बढ़ते-बढ़ते घुमावदार-सा एक संकरा मोड़ आया।

पट्टाधारी कुत्तों को मोड़ कुछ ज्यादा ही लंबा लग रहा था। आसपास छोटी-छोटी चट्टानों और उन पर उगी हुई घनी झाड़ियों ने उनको और भ्रमित कर रखा था। इस सारे भ्रम के चलते वे अपने-अपने लिए निर्धारित स्थान से अपने मन से आगे-पीछे होने लगे। भ्रम लौहखचित पट्टाधारियों को सबसे ज्यादा था और उनमें से एक तो संकरा रास्ता जल्दी तय करने के चक्कर में सबसे आगे दौड़ गया।

आजाद कुत्ते चट्टानों के पीछे फर्राटा और अगुआ द्वारा निर्दिष्ट हमले के लिए उपयुक्त जगहों पर मौजूद थे। फर्राटा ने शेरू को इस बात के लिए राजी कर लिया था कि पहला हमला नौजवान कुत्ते ही करेंगे।

फर्राटा तीर की तरह निकला और बेहद करीब आ गये लौहखचित पट्टाधारी की टांग दांतों में जकड़कर उसे वेग से ऊपर उछाल दिया।

वह पट्टाधारी ठीक पीछे आ रहे लोहादिमाग से जा टकराया। चिपक गये लौहखचित पट्टाधारी की आर्तनाद संकरी जगह में कुछ ज्यादा ही गूंज रही थी। स्वर्णखचित पट्टे वाले को इसकी काट में समर्थ 'भौं-भौं' की दिशा तय करने में समय लगा। और इसी का फायदा उठाकर ठीक ऊपर की चट्टान पर ताक में बैठे अगुआ ने एक पत्थर पर पंजा मारकर नीचे गिरा दिया।

पत्थर सिर पर लगने से स्वर्णखचित पट्टे वाला ढिमलाया ही था कि एक और तेज-तर्रार नौजवान आजाद कुत्ता फर्राटा के ही अंदाज में तेजी से बढ़ा और एक लौहखचित पट्टे वाले की टांग को दांतों में जकड़कर उसे वेग से उछाल बैठा। आर्तनाद में आर्तनाद मिल जाने से उत्पन्न कोलाहल में सारे पट्टाधारी कुत्ते बौड़िया कर गलती-दर-गलती करने लगे जिससे लोहादिमागों के दिमागों को दोपायों की रणनीति के हिसाब से नियंत्रित कर पाना असंभव हो गया।

कई लोहादिमाग तो अनियंत्रित होकर चुंबक-चिप्पड़ अपनी ही टुकड़ी के पट्टाधारियों पर प्रक्षेपित कर बैठे। एक चुंबक-चिप्पड़ पीठ पर चिपकाया हुआ

एक ताम्रखचित पट्टे वाला कुत्ता चुंबकीय खिंचाव में इस कदर गिरफ्तार हुआ कि आनन–फानन में 'उत्पादक प्रयोगशाला' का पहरेदार लोहादिमाग से ही जा टकराया।

बाड़े की सुरक्षा–व्यवस्था एक क्षण में छिन्न–भिन्न हो गयी। तीनों के तीनों आजाद कुत्ते जैसे नींद से जागते हुए उठे और दिशा सूंघकर अपने पुराने ठिकाने की ओर दौड़ पड़े।

शेरू की आंखें नम थीं। सारे नौजवान कुत्तों को संबोधित कर वह भर्रायी–सी 'भौं–भौं' में कह उठा, "तुम लोगों के दिमाग ने उन दुष्ट दोपायों के दिमाग में दांत गड़ाकर उनका सारा घमंड चूर–चूर कर दिया..."

सारे वरिष्ठ आजाद कुत्तों ने अपनी–अपनी बात अपने–अपने अंदाज में कही, पर अंततः बात एक ही थी कि आजाद कुत्तों की नौजवान पीढ़ी अब आजादी को कायम रखने की जिम्मेदारी संभालेगी।

उधर दोपायों की आलाकमान का मुखिया मॉनिटर पर घूंसा मारकर अपनी हथेली लहूलुहान कर चुका था और उसे घेरकर खड़े कमान के बाकी दोपाये समवेत स्वर में मिमियाते जा रहे थे।

# एहि जग माहीं

तब यह मोहल्ला इस कदर भरा-भरा और दिन-रात चलती हुई सड़क वाला नहीं हुआ करता था। एक मकान से दूसरे मकान के बीच कहीं कबड्डी तो कहीं फुटबाल खेलने लायक जगह मौजूद रहा करती थी और कई एक मकान बड़ी-सी जमीन का मुश्किल से एक चौथाई हिस्सा घेरे-से दिखते थे। खाली जमीन में रहने वालों या उनसे पहले रहने वालों ने तमाम किस्म के पेड़ लगा रखे थे। कहीं आम, कहीं अमरूद, कहीं नीम और कहीं-कहीं तो बड़ी-सी जमीन में ताड़ के विशालकाय वृक्षों तक की, पर्यावरण के हिसाब से, आशीर्वादी छाया के तले निम्नमध्यवर्गीय लोगों से आबाद यह मोहल्ला तब प्रदूषण नामक बवाल से अनभिज्ञ हुआ करता था।

ताड़ के वृक्षों ने इस मोहल्ले के पियक्कड़ों में एक बड़े मजेदार किस्म का वर्ग-विभाजन भी संभव कर रखा था। ताड़ी पीने वाले अपने-आप को देशी शराब पीने वालों से श्रेष्ठ समझते थे और उनमें से जो थोड़े-बहुत पुस्तकों तक पहुंच रखते थे, वे ताड़ी के सूर्योदय से पहले निकाले गये संस्करण नीरा का हवाला देकर इसे स्वास्थ्य के लिए फायदेमंद भी बताते फिरते थे।

और लगभग हर ताड़ी पीने वाले के लिए ईर्ष्या का विषय हुआ करता था भिम्मल। कहते थे कि भिम्मल जितनी ताड़ी पी सकता था, उतनी ताड़ी पीकर तो हाथी भी लंबालेट हो जाये। पर भिम्मल लंबालेट होने के बजाय, मस्ती में झूमता हुआ, राह में मिलने वाले हर परिचित को अपने खास अंदाज में सलाम करते हुए अपने घर लौटता था, शाम के छह से सात बजे के बीच।

आज चालीस साल के बाद अपने घर में स्थायी रूप से आ बसे भारत सरकार के सेवानिवृत्त संयुक्त-सचिव सुंदरभान श्रीवास्तव को याद आ रहा है वही मस्तमौला पियक्कड़ भिम्मल। वैसा बेफिक्र जीवन, वैसी बारहों मास ही चलने वाली मस्ती देखने को जैसे तरस गये सुंदरभान इन चालीस सालों में।

दिल्ली में ही हैसियत के हिसाब से छोटा-बड़ा फ्लैट पकड़कर बस चुके उनके सारे मित्रों-सहयोगियों ने सुंदरभान के निर्णय की जानकारी मिलने पर पहला ही वाक्य बोला था, "क्या, यार! पगला गये हो क्या?"

और ज्योंही वे अपने निर्णय के पीछे की सोच का खुलासा करने लगते, एक-के-बाद एक वाक्य जैसे हमला ही बोलते जाते:

"हद हो गयी! सारी जिंदगी दिल्ली में बिताने के बाद उस बैकवर्ड इलाके में बुढ़ौती..."

"कुछ हो गया तुम्हें तो मेडिकल फैसिल्टीज भी ढंग की नहीं मिलने वाली..."

"तुम्हें कोई कंपनी देने वाला भी नहीं होगा। यहां तो हमारा रोज का मिलना..."

"एडजस्ट नहीं कर पाओगे वहां..."

तंग आकर उन्होंने इस विषय पर दोस्त-परिचित टाइप किसी भी आदमी से बात करना ही बंद कर दिया। घर उनका, जिंदगी उनकी, निर्णय उनका, किसी और से क्या मतलब...

मतलब जब इकलौते बेटे को ही नहीं रहा तो बाकी किसी के मतलब रखने, न रखने से फर्क भी कुछ नहीं पड़ने वाला।

अब तो लगता है जैसे एक युग बीत गया जब बेटा आखिरी बार भारत आया था। पत्नी को साल-भर पहले अप्रत्याशित रूप से आयी व्याधि के चलते अचानक ही खो चुके सुंदरभान तब सेवानिवृत्ति और विधुर जीवन से आये खालीपन से किसी तरह निपटने की कोशिश कर ही रहे थे।

"अस्सी लाख का हो चला है ये फ्लैट। वो आपका खानदानी एंटीक पीस जमीन-जमीन के ही बीस लाख दे जायेगा। एक करोड़ बटोरिए और चलिए मेरे साथ स्टेट्स।" बेटे ने बिना किसी भूमिका के सीधे मुंह खोलकर कहा था।

"वह एंटीक पीस नहीं तुम्हारे बाबा..."

"हां, हां। सुन चुका हूं वो दास्तान आपके मुंह से हजार बार।" बेटा जैसे आगे कुछ सुनने-समझने को तैयार ही नहीं था।

सुनने-समझने-समझाने का फासला बढ़ता ही गया। दिल्ली के फ्लैट और देवरिया के मकान की कीमत को बेटा रुपयों-डॉलरों में ही आंकता रहा, और सुंदरभान उनसे जुड़े भावनात्मक रिश्तों पर ही जोर देते रहे। एक वक्त ऐसा आया कि बेटे की समझ में आ गया कि वे सब-कुछ बेचकर उसके साथ स्टेट्स नहीं जाने वाले और उनकी समझ में आ गया कि जो कुछ संभल-बच सकता है वह उनकी जिंदगी तक ही संभल-बच पायेगा।

एकाकी जीवन में दिल्ली-देवरिया हर तीन महीने पर नाप रहे सुंदरभान ने एक दिन फैसला ले ही लिया कि वे अब एक जगह पर ही टिककर रहेंगे, उस जगह पर जहां उनकी जड़ है।

जड़!

प्राथमिक विद्यालय में सारी जिंदगी अध्यापन करने के बाद आधा पेट खाकर बचाये हुए रुपयों से उनके स्वर्गीय पिता ने इस मोहल्ले में जमीन खरीदी थी। आज के जमाने में अकल्पनीय रूप से कम लगने वाले रुपयों में तब तक इतनी बड़ी जमीन शहर के किनारे वाले भाग में मिल गयी थी और मकान बनवाने के बाद पिता ने किशोर हो रहे सुंदरभान से कहा था, 'बेटा! अब यही जमीन हमारी जड़ है। यहीं से हम फलेंगे-बढ़ेंगे।'

वाकई बहुत फली-बढ़ी उनकी संतान। टाटपट्टी वाले विद्यालय में ज्यादातर नंगे पैर पढ़ने आने वाले सहपाठियों के साथ पढ़े हुए सुंदरभान कहां-से-कहां पहुंच गये! उस निम्नमध्यवर्गीय मोहल्ले के निवासियों के ख्वाबों से भी बाहर तरक्की की, सीढ़ी-दर-सीढ़ी चढ़ते गये, और उस मोहल्ले के बूढ़-पुरनियों के स्थायी कथानायक बन गये...

सब-कुछ होते हुए भी सुंदरभान ने अपने पिता की बात को कभी नहीं दिमाग से निकाला, अपनी जड़ों की ओर लौटते रहे, देवरिया के मकान को ही अपना घर समझते रहे। भले ही दिल्ली में एक फ्लैट बाद में खरीद लिया।

पिता मरते दम तक बेटे को इस बात के लिए सराहते-असीसते रहे। सुंदरभान के 'राजपाट' को कई बार आकर देख चुकने के बाद मोहल्ले के अपने साथियों को बताते रहे कि सुंदरवा दिल्ली में राजा की तरह रहता है, पर मजाल है कि उसकी जबान से कभी देवरिया का नाम छूट जाये।

किशोरावस्था में दुनिया की हर रोचक-सी लगती चीज को जानने-समझने की कोशिश करते हुए सुंदरभान को भिम्मल से ज्यादा रोचक इनसान कोई और नहीं लगता था। गणित के एक सेवानिवृत्त शिक्षक के घर से ट्यूशन पढ़कर घर वापस लौटने का उनका समय भिम्मल के ताड़ी पीकर लौटने का समय भी होता।

'बबुआ, सलाम!'

अपनी ओर प्रक्षेपित 'सलाम' का उत्तर देने में सुंदरभान को एक क्षण की देरी हुई नहीं कि वही बात दूसरे अंदाज में :

'बबुआऽऽऽ! सलाऽऽऽ म।'

कहीं जवाब देने में और देर हो गयी तो सलाम-दर-सलाम की बौछार होने लगती, 'हे पढ़वैया बाबूऽऽ। सलाम सुनत नाहीं बाड़ै? सला ऽऽऽम! सला ऽऽऽम!'

घबराकर सुंदरभान ताबड़तोड़ जवाबी सलाम ठोंक देते और भिम्मल हँसते हुए आगे अपनी राह पर चल देता।

एक बार बहुत पास मुंह लाकर बात करते भिम्मल का ताड़ी का भभका सुंदरभान को इतना विचलित कर गया कि उन्होंने भन्नाकर पिता से कहा था, 'कितनी गंदी आदतें पालते हैं लोग! मुंह से इतनी बदबू आ रही है तो अंदर पेट में कितना कचड़ा भर जाता होगा।'

पिता बहुत गंभीर हो गये थे। कुछ देर बाद बोले थे, 'मैंने अपनी जिंदगी में भिम्मल से बेहतर इनसान नहीं देखा।'

उस दिन बेटे को अपेक्षित रूप से बड़ा समझकर पिता ने इनसान के अच्छे-बुरे होने के बारे में अपना फलसफा ही नहीं समझाया था, मोहल्ले के लगभग हर आदमी के चरित्र के बारे में सुंदरभान का ज्ञानवर्धन भी किया था।

पत्नी की मृत्यु के बाद दूसरी औरत की ओर आंख तक नहीं उठाते भिम्मल, बेटे को अपने बूते पर पालते भिम्मल, मोहल्ले के किसी भी घर की मुसीबत में साथ खड़े भिम्मल, अपना अहित कर चुके मोहल्ले वालों के प्रति भी कोई दुर्भावना नहीं रखने वाले भिम्मल...

भिम्मल नामक उस 'पियक्कड़' के गुणों का बखान पिता से सुनने के बाद न सिर्फ सुंदरभान उसके प्रति और ज्यादा जिज्ञासु हो गये थे, बल्कि उनका इनसानों को देखने-समझने का नजरिया भी सिरे से बदल गया था।

चालीस साल के अंतराल के बाद भी उन्हें अच्छी तरह याद है भिम्मल के चेहरे पर छा गयी वह लगभग अवर्णनीय खुशी जो नौकरी पाने के उपलक्ष्य में बांटी जा रही मिठाई के डिब्बे के पिता के आग्रह पर खुद भिम्मल के घर देने चले आये सुंदरभान के हाथ से लेते हुए उपजी थी।

'अरे, बबुआऽऽ। हम नान्ह को इतना इज्जत बख्से! बहुत तरक्की करो बबुआ...'

भिम्मल के आशीर्वचन थमने का नाम ही नहीं ले रहे थे।

मुंह बाकर सुंदरभान को ताके जा रहे अपने लड़के को भिम्मल ने उसके पैरों पर झुकाते हुए कहा, 'आसीरबाद लो बबुआ-भैया से। तुम तो ससुर पढ़ते-लिखते नहीं। बबुआ पढ़कर राजा बन गये...'

सुंदरभान ने सब-कुछ व्यवस्थित रूप से किया। प्रापर्टी-डीलर से बात कर फ्लैट का सौदा तय किया, रकम बैंक में जमा किया, सारा सामान बुक करा दिया, सारे दोस्तों-परिचितों को बदल गये ठिकाने की सूचना देने वाले पोस्टकार्ड भेजे और फ्लैट को नये मालिक को सौंपकर बैठ गये ट्रेन के डिब्बे में।

ट्रेन चलने के बाद देवरिया के मकान की सालों से देखभाल करते आ रहे पिता के जमाने के मित्र-परिवार को भी सूचना दे दी। उन लोगों ने सुंदरभान की सुविधा के लिए अपने गांव का एक जरूरतमंद लड़का नौकर के रूप में लगाने का इंतजाम पहले ही कर दिया था।

सारे मकान की नये सिरे से सफाई-पुताई हुई, प्रांगण में लगे पेड़-पौधों की कटाई-छंटाई हुई, मोहल्ले के पुराने परिचित बचे घरों के मुखिया लोगों से सुंदरभान खुद जा-जाकर मिले और संबंधों को नये सिरे से प्रगाढ़ करने के प्रतीकस्वरूप बाकायदा हलवाई लगाकर सबको 'घर' में खाने के लिए आमंत्रित

किया।

भोज के समापन के बाद अतिथियों को विदा करते ही सुंदरभान ने हाथ जोड़ते हुए पिता का स्मरण किया और बुदबुदाये, "मैं घर लौट आया हूं।"

फिर उन्होंने याद किया स्वर्गीया पत्नी को। उनके हर निर्णय को बिना किसी शंका के स्वीकार करती आयी पत्नी जिंदा होती तो इस निर्णय पर क्या कहती-करती? ठीक है, जब वो रही ही नहीं तो इस बात का कोई अर्थ ही नहीं...

याद किया उन्होंने बेटे को भी। उसे सूचना देने की उन्होंने कोई जरूरत नहीं समझी, क्योंकि इस सूचना पर उसकी मखौलभरी टिप्पणियां सुनने का धैर्य नहीं बचा है उनके पास। पर याद जरूर किया। ठीक है, करेगा कभी फोन तो पता चल ही जायेगा। जिस आदमी को अपने देश-घर से लगाव अब तक नहीं हो पाया तो आगे क्या उम्मीद...

और सबके बारे में पूछते-पता करते सुंदरभान को जब बताया गया कि बीमार चल रहे भिम्मल को लेकर उसका लड़का मोहल्ला छोड़कर कहीं दूसरे इलाके में चला गया है तो बहुत याद आया भिम्मल। उसके बारे में सोचते-सोचते सुंदरभान ने निश्चय किया कि जैसे भी हो भिम्मल को खोजना है और खोजने के बाद उसके पास बैठकर बहुत कुछ बतियाना है। मोहल्ले के पुराने परिचितों को घर पर भोज देने के बाद भी भोज अधूरा है जब तक वे भिम्मल को खोज कर उसको उसकी मनपसंद चीजें खिला-पिला न दें।

मोहल्ले के नये-पुराने बसे लोगों के लिए भिम्मल कभी इतना महत्त्वपूर्ण नहीं था कि उसका नाम भी याद रखा जाये, पता-ठिकाना याद रखना तो दूर की बात है। सुंदरभान की अफसरी पृष्ठभूमि से अब भी आक्रांत चल रहे पुराने लोग झटपट पता करने का वायदा तो कर देते पर पता चलता कुछ नहीं। सुंदरभान कुढ़कर रह जाते। इस छोटे से शहर के मोहल्ले में आधी शताब्दी से अधिक समय गुजार देने वाले एक पुराने बाशिंदे के बारे में पता लगा पाना क्या इतना मुश्किल काम है!

बहरहाल, सुंदरभान की 'भिम्मल-खोज' अपने तरीके से जारी रही। यहां तक कि लंबी चल रही खोज के प्रति उनकी गंभीरता ने नयी पीढ़ी के मोहल्ले वालों को पीठ पीछे उनकी खिल्ली उड़ाने का सामान भी मुफ्त में मुहैया करवा दिया।

और भिम्मल का पता-ठिकाना मिला भी तो एक ऐसे व्यक्ति से जिसको खोज कर उससे भिम्मल के बारे में पूछने की बात सुंदरभान के दिमाग में आयी ही नहीं थी।

भिम्मल का बेटा कन्हैया!

देवरिया की सबसे बड़ी दवाइयों की दुकान पर महीने में एक बार आना होता ही था, बढ़ती हुई उम्र के साथ बढ़ती हुई दवाइयों की संख्या जितनी बड़ी ही

सिरदर्दी थी यहां प्रामाणिक दवाइयां रखने वाली दुकान ढूंढ़ पाना।

वे अपनी दवाइयों का भुगतान कर मुड़े ही थे कि जल्दी-जल्दी कदम बढ़ाकर इधर आते हुए उस अधेड़ का चेहरा उन्हें कुछ याद दिला गया।

लगता तो ये भिम्मल का बेटा कन्हैया ही है! पूछ कर देखूं? दो क्षण सोचने के बाद सुंदरभान पूछ ही बैठे, "कन्हैया हो न?"

वह अधेड़ आंखें मिचमिचाकर उन्हें देखता रहा। प्रयास के बाद भी उनको अपनी स्मृति में कहीं भी दर्ज न पाकर अधेड़ ने प्रतिप्रश्न किया, "आप कौन हो, बाबूजी?"

वे हलके से हँसे और फिर बोले, "अपने पुराने मोहल्ले के शिवनारायण मास्टर साहब को तो याद रखे ही होगे। उन्हीं का बेटा सुंदरभान हूं।"

कन्हैया एकदम से नतमस्तक हो गया। किंचित् आतंक से एक ही बात बार-बार कहने लगा, "साहेब, माफ कीजिएगा। हम बुड़बक आदमी हैं। पहचान ही नहीं पाये।"

"कोई बात नहीं। भिम्मल काका कैसे हैं?"

सुंदरभान के इतना कहते ही कन्हैया अपने आश्चर्य को दबा नहीं सका। अपने दोनों हाथ जोड़ते हुए बोला, "साहेब! आप बापू को भी नहीं भूले! किरपा है आपकी। बापू बीमार ही रहते हैं। उनकी ही दवा लेने आया था।"

"ठीक है, दवा ले लो। फिर बात करते हैं।"

सुंदरभान की अप्रत्याशित सदाशयता से उपजी असहजता को सप्रयास छिपाते हुए कन्हैया उनके प्रश्नों का अपने भरसक संतोषजनक जवाब देता रहा। अंत में सुंदरभान ने उससे पता लेते हुए कहा, "जल्दी ही मैं भिम्मल काका से मिलने तुम्हारे घर आऊंगा।"

पिता कभी मूड में होते तो जिंदगी के तमाम पहलुओं के बारे में सुंदरभान को न सिर्फ अपने तरीके से बताते रहते बल्कि उन पर अभी से गौर करने का निर्देश भी देते रहते। सिगरेट-शराब को कभी हाथ तक न लगाने वाले पिता के मुंह से शुरू-शुरू में भिम्मल जैसे घोर पियक्कड़ का उदाहरण जिंदगी को सकारात्मक रूप से गुजारने वाले व्यक्ति के रूप में बार-बार सुनना सुंदरभान को अजीब-सा लगा था, पर बाद में वे बात का मर्म समझने लगे थे। भिम्मल की एक छोटी-सी परचून की दुकान थी जिसे वे तब तक खोले रहते थे जब तक गृहस्थी चलाने के लिए आवश्यक आमदनी का उस दिन का कोटा पूरा न हो जाये। इसके पश्चात् वे अपना समय मोहल्ले के किसी मुसीबतजदा व्यक्ति की छोटी-बड़ी मुसीबत को अपने भरसक दूर करने में लगाते। और दिन के समापन पर भिम्मल चल देते ताड़ी की दुकान की ओर जाने वाली सड़क पर। ताड़ी पीने के बाद आते-जाते लोगों को सलाम करते हुए भिम्मल को तो बहुतों ने देखा पर किसी

से झगड़ा करते हुए भिम्मल को किसी ने भी नहीं देखा था। झगड़ा करना भिम्मल के स्वभाव में ही नहीं था।

एक दिन सुंदरभान ने पिता से पूछा :

'वे जब भी ताड़ी पीकर लौटते हुए मुझसे मिलते हैं सलाम ही बोलते हैं, नमस्कार या राम-राम नहीं। ये बात मुझे अटपटी लगती है।'

'इसकी भी एक कहानी है। इसका एक जिगरी दोस्त होता था, इरफान। दोनों का स्वभाव मिलता-जुलता था, दुकानें भी अगल-बगल खोल रखीं थीं। दोनों आपस में एक-दूसरे को सलाम बोलने के आदी थे। इरफान सड़क-दुर्घटना में भरी जवानी में ही मर गया। तबसे भिम्मल हर व्यक्ति का अभिवादन सलाम से ही करने लगा। शायद इसी बहाने वह इरफान को याद करता हो।'

अपने पिता से भिम्मल के बारे में हुई बातचीत को जीवन के चौथेपन में याद करते हुए सुंदरभान भिम्मल से होने वाली मुलाकात पर जितना सोच रहे थे उतना शायद अपने को लेकर किसी बात पर उन्होंने कभी नहीं सोचा होगा।

भिम्मल के बेटे के हाथ में जो पर्चा था वह सुंदरभान को किसी बड़ी बीमारी के बारे में नहीं बता रहा था। पर दूसरे दिन की शाम अपने नियमित डॉक्टर के सामने बैठे सुंदरभान उससे एक विचित्र-सा अनुरोध किये जा रहे थे।

"थोड़ा समय निकालना ही पड़ेगा आपको, डॉक्टर साहब! पेमेन्ट की प्रॉब्लम नहीं है, वह मुझे ही करना है। बस, आप उन्हें देखकर ये बता दें कि कोई बड़ी बीमारी तो नहीं है। जहां तक मेरी जानकारी है, पहले जमकर ताड़ी पिया करते थे। कहीं उसका कोई प्रभाव..."

सुंदरभान के आग्रह से डॉक्टर भी आश्चर्यचकित था। उनकी उच्चाधिकारी पृष्ठभूमि तथा आग्रह के पीछे नजर आ रही सहृदयता से प्रभावित होकर वह तैयार हो गया, बताये गये किंचित् विचित्र-से मरीज के घर जाने को।

सुंदरभान ने कन्हैया को डॉक्टर के साथ अपने आने की पूर्वसूचना दे दी थी। इसी शहर में सालों से प्रैक्टिस करता आया डॉक्टर शायद पहले इस इलाके में कभी नहीं आया था। यह शहर का बाहरी तथा बेतरतीब ढंग से नया-नया बसा हुआ मोहल्ला था। लग रहा था कि कुछ ही साल पहले तक यह इलाका शहर के मुख्य भाग के कूड़े-कचरे को ठिकाने लगाने के लिए प्रयुक्त होता होगा। दुर्गंध को अपने हिसाब से सुगंध बनाकर उस दिशा में थूथन उठाये विचर रहे सुअरों की अच्छी संख्या में उपस्थिति इस मोहल्ले का स्वास्थ्य के लिए सिरे से प्रतिकूल चरित्र जैसे प्रमाणसहित उजागर कर रही थी।

कन्हैया ने भरसक न सिर्फ घर को ठीक-ठाक कर रखा था, बल्कि भिम्मल को भी तैयार कर एक खाट पर बैठा रखा था। सुंदरभान ने देखा कि छोटे-से घर के आगे के हिस्से में कन्हैया ने एक छोटी-सी दुकान खोल रही थी।

पहले की अपनी काठी की मुश्किल से पहचान में आ रही छाया बने भिम्मल की गर्दन हलके-हलके हिली जा रही थी और उनकी आंखों में बालसुलभ कौतूहल झलक-झलक जा रहा था।

"पहचाने, भिम्मल काका?"

सुंदरभान की बात पर गर्दन जरा जोर से हिला कर भिम्मल बड़बड़ाये, "बबुआ भैया।"

इतने बड़े अंतराल के बाद हुई मुलाकात के अनुरूप ही एक-दूसरे की कुशलक्षेम पूछने में कुछ मिनट लगे।

फिर सुंदरभान ने कहा, "ये डॉक्टर साहब हैं। पता चला था कि आपकी तबीयत खराब रहती है। डॉक्टर साहब मुआॅयना करके देखेंगे कि क्या गड़बड़ है।"

भिम्मल की आंखों में थोड़ा डर और थोड़ा संकोच उभर आया। जैसे सोच रहे हों कि क्या जरूरत आ पड़ी इसकी।

"अरे, कोई डरने की बात नहीं है। ये मेरा इलाज भी करते हैं। मैं तो इनको ऐसे ही लेता आया साथ में।"

सुंदरभान की बात पर भिम्मल ने डॉक्टर को गौर से देखने की कोशिश की। डॉक्टर मुसकराते हुए उठे और पांच मिनट तक भिम्मल का मुआयना करते रहे, बीच में कुछ पूछते भी रहे। फिर सुंदरभान की ओर मुंह घुमाकर डॉक्टर ने कहा, "उम्र के हिसाब से बहुत फिट हैं। खून की ही थोड़ी कमी लगती है। ढंग से खायें-पियें।"

सुंदरभान ने भिम्मल से कहा, "सब ठीक बता रहे हैं। बस खुराक बढ़ा दीजिए।"

भिम्मल हल्के से हँसे जो रोने जैसा लगा। कन्हैया के चेहरे पर ऐसा भाव था जैसे कुछ सुन-समझ न रहा हो।

सुंदरभान को अहसास हुआ कि डॉक्टर का ज्यादा ही समय लिया जा चुका है। झटके से उठते हुए उन्होंने कहा, "काका! डॉक्टर साहब को वापस छोड़ना है। अभी चलता हूं, पर आपको मेरे घर पर खाने आना है। कन्हैया से पूछकर आपके पसंद का खाना बनवाऊंगा।"

इस बार भी भिम्मल हलके से हँसे, पर रोने के अंदाज में नहीं।

कटुई पालक का साग, कटहल की रसेदार सब्जी, अच्छी तरह से घी चुपड़ी हुई मकुनी, जलेबी...

भिम्मल के पसंदीदा व्यंजन सामने सजे हुए थे और नौकर की सहायता से उन्हें एक-एक कर परोसते हुए सुंदरभान अपने 'विशिष्ट अतिथि' से ज्यादा-से-ज्यादा

खाने का आग्रह किये जा रहे थे। खाने में साथ कन्हैया भी दे रहा था, पर वह खा कम रहा था और अपने पिता को तृप्ति से खाते हुए देख ज्यादा रहा था।

तृप्ति के एक संतोषप्रद मुकाम पर पहुंचकर भिम्मल बड़बड़ाये, "मास्टर साहब क पुन्न-परताप बोलत बा..."

तृप्त भिम्मल के मुंह से निकले शब्दों को सुनकर सुंदरभान अंदर से हुलस गये। इस घर में यह अतिथि मेरे पिता को इस तरह याद कर रहा है, इससे बढ़कर सुख-संतोष और क्या हो सकता है!

भिम्मल का भोजन समाप्त हुआ तो एक नजर कन्हैया को देखकर सुंदरभान ने भिम्मल से पूछा, "काका! आपका ताड़ी पीना तो छूट गया होगा न?"

भिम्मल ने बेचारगी में दोनों हाथ ऊपर उठाये और धीमे से बोले, "का कहीं?"

"आपका ताड़ी पीने के बाद वाला सलाम मुझे आजतक याद है।"

सुंदरभान की बात पर भिम्मल बस अटपटे ढंग से मुसकरा दिये, कुछ-कुछ शरमा जाने के अंदाज में।

"पेट में जगह बची है न? आज बस चखने की तरह थोड़ी-सी पिलाऊंगा। डॉक्टर से बस इतने के लिए इजाजत मिली है।"

सुंदरभान की बात सुनकर उन्हें अनोखे ही अविश्वास से देखे जा रहे भिम्मल के सामने नौकर ने एक चुक्कड़ में भरी हुई ताड़ी परोस दी।

"जानता हूं, आप तो पूरी लबनी ताड़ी पिया करते थे। आज एक चुक्कड़ ही पीकर इस घर को अपना आशीर्वाद दे दें," सुंदरभान बोले।

भिम्मल पता नहीं किस सोच में डूबे हुए-से चुक्कड़ पर नजरें टिकाये रहे और फिर अपना दायां हाथ धीरे से चुक्कड़ की ओर बढ़ाया। बूंद-बूंद कर ताड़ी की चुस्की लेते हुए भिम्मल को सुंदरभान ही नहीं बल्कि कन्हैया और नौकर भी एकाग्र होकर देखे जा रहे थे।

शायद आधा चुक्कड़ ताड़ी अंदर चली गयी होगी कि भिम्मल गुनगुनाने लगे:

*सकल पदारथ एहि जग माहीं*
*करमहीन नर पावत नाहीं...*

गुनगुना रहे भिम्मल को टकटकी लगाकर देख रहे सुंदरभान सोच रहे थे कि दशकों बाद ऐसा आह्लादकारी दृश्य दृष्टि के दायरे में कैद हो पाया है।

ताड़ी खत्म कर भिम्मल ने चुक्कड़ को उलटकर देखा और जैसे अपने-आप को विश्वास दिलाया कि ताड़ी वाकई खत्म हो चुकी है। फिर वे आहिस्ते से उठने लगे तो कन्हैया और नौकर ने सहारा दिया।

सुंदरभान श्रीवास्तव, अवकाश प्राप्त संयुक्त सचिव के 'विशिष्ट अतिथि' विदा हो रहे थे। विदा होते हुए वे कुछ स्पष्ट तो कुछ अस्पष्ट आशीषभरे वाक्य

बोले जा रहे थे। 'विशिष्ट अतिथि' की विशिष्टता से ही नहीं बल्कि मालिक द्वारा किये गये विशिष्ट अतिथि-सत्कार से भी सुखद रूप से आतंकित-सा नौकर भिम्मल को रिक्शे में सहारा देकर बैठा चुका था। कन्हैया अब पूरी तरह से अभिभूत होकर सुंदरभान के घुटनों तक झुकने लगा तो उसे बीच में ही रोककर सुंदरभान ने गले से लगा लिया। फिर रिक्शा चलने को हुआ।

रिक्शा चालक के पैडल पर एक पैर मारते ही भिम्मल की गर्दन मुड़ी और उन्होंने अब तक के धीमे स्वर में बोलने-बड़बड़ाने के विपरीत किंचित् जोर से कहा, "सलाऽऽ म।"

प्रत्युत्तर में 'सलाम' करते हुए सुंदरभान का चेहरा दमक उठा।

भिम्मल के जाने के कई घंटे बाद सोफासेट पर पांव ऊपर कर पालथी-सी मारे बैठे सुंदरभान सामने दीवार पर टंगी हुई पिता की फोटो पर दृष्टि गड़ाये हुए थे। छह दशक की समयावधि में फैले हुए अपने जीवन की तमाम घटनाएं उनके अन्तर्मन में दृश्य-दर-दृश्य प्रकट-लुप्त हो रही थीं। अचानक वे झटके से उठे और चौके की ओर गये।

ताड़ी की दुकान से नाप कर बस एक ही चुक्कड़-भर ताड़ी तो मिलती नहीं। बची हुई ताड़ी को बर्तन सहित नौकर ने सिंक के किनारे रख छोड़ा था। सुंदरभान ने उस थोड़ी-सी ताड़ी को एक गिलास में उड़ेला और गिलास थामे हुए वापस ड्राइंगरूम में आये।

जिंदगी में पहली बार ताड़ी पीते हुए सुंदरभान भर्रायी-सी आवाज में गुनगुनाने लगे :

*सकल पदारथ एहि जग माहीं*
*करमहीन नर पावत नाहीं...*

# भूत

"बहुत बचपन की बात है, पर मुझे आज भी अच्छी तरह से याद है। तब रेलवे-स्टेशन से कटरा मोहल्ले की तरफ जाने के लिए तांगे की सवारी ही एकमात्र विकल्प हुआ करता था। रात के दो बजे ट्रेन आजमगढ़ पहुंचती थी और पिता हम सबको तांगे में बैठाकर ले चलते थे। तांगे वाले का घोड़े को 'टिह! टिह!' करते हुए हांकना और घोड़े का 'टप् टप्' करते हुए चलना हम बच्चे अपनी नींद से भरी हुई आंखें बीच-बीच में आधी खोलकर देखते-सुनते रहते थे कि रास्ते में पड़ने वाली एक पुलिया के निकट पहुंचते ही घोड़ा ऐसे खटाक् से रुक जाता था जैसे उसके सामने दीवार आ गयी हो। तब पिता हलके से हँसकर माचिस जलाते थे और घोड़ा आगे बढ़ लेता था। मुझे याद है कि पिता मां से कहते थे कि रात-बिरात यहां से गुजरने पर यह जरूर मिलेगा, पर इसे भगाने का तरीका ही है कि किसी तरह से आग जला दो। वह तुम ही..."

"नहीं! वह मैं नहीं था। मैं ऐसे छोटे-छोटे काम नहीं करता। मैं तो..."

मेरी बात काटकर और अपनी बात अधूरी ही छोड़कर वह चुप हो गया।

थोड़ी देर तक मैं इंतजार करता रहा कि शायद वह अपनी बात आगे कहे। पर वह चुप ही रहा।

मैं तो उस दिन को मन-ही-मन कोसे जा रहा हूं जब दफ्तर की लगातार बनी हुई व्यस्तता से तंग आकर एक सप्ताहांत में मैंने तय किया कि डेढ़-दो सौ किलोमीटर की दूरी के भीतर ही स्थित किसी ऐतिहासिक महत्त्व की इमारत तक अपनी जीप में अकेले ही जाऊं और वहां के सुकूनभरे एकांत में दो-चार घंटे चुपचाप बैठकर अपने अब तक के जीवन के बारे में भरसक तटस्थ होकर सोचूं।

और छुट्टी के दिन की अपनी सामान्य दिनचर्या के बिलकुल विपरीत भोर में ही उठकर, तैयार होकर घर वालों को किंचित् आश्चर्यचकित करते हुए, मैं उस इतवार को सुबह-सुबह ही निकल गया था।

पहुंचकर लगा था कि अपनी मनोवांछित जगह पर आ गया हूं। न ये खंडहर पर्यटकों की ताबड़तोड़ आमद वाला था, न ही स्थानीय मनबढ़ों के निर्बाध

अतिक्रमण वाला। चारों तरफ जैसे परम शांति व्याप्त थी। मैं पहले घूम-घूम सब-कुछ देखता रहा। बेहद सुखद रूप से मुझे आश्चर्यचकित करते हुए पश्चिमी छोर पर अचानक ही एक छोटा-सा तालाब दिख गया।

तालाब की सीढ़ियां उतनी ही पुरानी लग रही थीं जितनी वह इमारत। उन पर अच्छी मात्रा में काई भी जमी दिख रही थी, जैसे सदियों से उन पर किसी आदमजाद का पांव ही न पड़ा हो।

बहुत सावधानी से सीढ़ियां उतरते हुए मैं सबसे निचली सीढ़ी तक पहुंचा और अपेक्षाकृत साफ-सी जगह खोजकर बैठ गया।

बीच-बीच में जलकुंभियों का जमावड़ा और रहस्यमय-सा दिख रहा हरिताभ शांत जल। सीढ़ियों पर बैठा हुआ मैं मंत्रमुग्ध-सा उस जल की सतह पर नजरें गड़ाये हुए अपने जीवन में घट चुके ऊंच-नीच पर ही जैसे नजरें गड़ाये जा रहा था।

तभी उस शांत जल में दिख रहे मेरे चेहरे के प्रतिबिंब के पास ही किसी और ही चेहरे का अस्पष्ट-सा प्रतिबिंब बस क्षणांश के लिए हिला और गायब हो गया।

'क्या ये मेरा भ्रम था?' मैंने मन-ही-मन ये सोचा, थोड़ा डर भी लगा।

दो मिनट मुश्किल से बीते होंगे कि फिर वैसा ही होता लगा। अब मैं वाकई डर गया।

अपनी भरसक बेहद सावधानी से उठते हुए मैं झटके से पीछे घूमा, पर पीछे कोई नहीं था। एक आश्चर्यमिश्रित डर मेरे उपर हावी होता लग रहा था और चलने की गति बढ़ाते हुए मैं जल्द-से-जल्द जीप तक पहुंच जाना चाहता था।

जीप तक पहुंचकर मैं उसमें लगभग कूदते हुए सवार हुआ और उस खंडहर के बाहर निकल गया।

जीप स्टार्ट करने के बाद से मैंने एक बार भी पीछे मुड़कर नहीं देखा था। जब लगभग आधी दूरी तय हो गयी तो थोड़ी तसल्ली मेरे अंदर उतरने लगी और इस तसल्ली को और मजबूती से अंदर बैठाने के लिए मैंने रास्ते में पड़े एक अपेक्षाकृत बेहतर ढंग से बने ढाबे में गर्मागर्म चाय पीने का निश्चय किया।

"एक बेहद गर्म चाय...साथ में कुछ बिस्किट, अगर अच्छे वाले हों तो।"

चाय के इंतजार में बैठा हुआ मैं उस तालाब के किनारे बाधित हो गयी अपनी चिंतन-प्रक्रिया के तार वापस जोड़ने की कोशिश करने लगा। होगा कोई भ्रम, कोई प्रक्षिप्त भय या कोई समाज का...

अभी मैंने इस तरह से सोचते हुए गर्मागर्म चाय की चुस्की लेनी शुरू की ही थी कि गिलास से उठ रही भाप में वही अस्पष्ट-सा प्रतिबिंब झलक गया।

हाथ कांपने से छलक गयी चाय की कुछ बूंदें मेरी कमीज पर पड़ गयीं। झल्लाहट में बाकी चाय वहीं छोड़कर उठ निकलने का इरादा करते ही एक आवाज जैसे शून्य में से चलकर मेरे कानों से टकरायी।

'तुम डर गये हो! सदियों से उस किले में ही विचरता रहा हूं। तुम्हें देखकर मन में आया कि तुम्हारे ही साथ निकलकर बाहर की दुनिया का कुछ नजारा देख आऊं। तुम्हें डराने का मेरा कोई इरादा नहीं था, विश्वास करो।'

'पर तुम हो कौन?' अपना पूरा साहस बटोरकर मैंने पूछा।

'तुम्हारी भाषा में मुझे जो कहते हैं वह नाम बताऊंगा तो तुम फिर डर जाओगे।'

'यानी तुम भू...'

'सही कहे। आज मैं तुम्हारी भाषा में भूत कहलाऊंगा। पर वह मेरा नाम नहीं है और न ही परिचय है। असली नाम और परिचय तुम्हारी अक्ल में घुसेगा नहीं। बहरहाल, तुम डरो मत। मैं बाहर थोड़ा घूमकर वापस चला जाऊंगा।'

मेरा रोम-रोम फुरफुरा रहा था। बचपन से लेकर अब तक भूतों के बारे में जो कुछ सुना-पढ़ा था, वह सब याद आ रहा था और मैं मन-ही-मन प्रार्थना भी किये जा रहा था कि जल्दी इसे सदबुद्धि आये और यह वापस उस खंडहर में जाये।

अचानक मेरे दिमाग में विचार उभरा कि भूतों के बारे में अपनी जानकारी की कहानियां सुना-सुनाकर इसे जताऊं कि न मैं डर रहा हूं और न ही उसके जैसे भूत-प्रेतों के बारे में निपट अज्ञानी हूं।

और मैंने उससे वैसी ही बातें छेड़ दीं।

'तो तुम जरूर बुड़ा डांगोरिया होगे।'

'बुड़ा डांगोरिया? पहली बार सुना यह शब्द।'

'मेरे एक असमिया दोस्त ने बताया था उसके बारे में। असम के गांवों में अपेक्षाकृत कम बसे इलाकों में कभी-कभी पूरे चांद की रात को दिख जाता है। सफेद कपड़े पहने ही दिखता है और लोगों की मदद करता है। वह...'

'ये तो पूरे चांद की रात नहीं है। छोड़ो भी...।' मेरी बात काटकर उसने दिखाया कि इस तरह के भूत में जैसे उसकी कोई रुचि ही नहीं है।

कुछ देर तक हम दोनों के बीच कोई संवाद नहीं हुआ। मैंने जीप को अपेक्षाकृत धीमी गति से चलाना शुरू कर दिया था। अब एक और डर यह लग रहा था कि ऐसे ही बातों-बातों में यह मेरे साथ घर न पहुंच जाये और उस खंडहर के बजाय मेरे घर में डेरा जमा ले।

तभी मैंने सोचा कि फिर कहीं चाय के बहाने जीप रोक लूं जिससे थोड़ा वक्त मिल जाये और, खुदा न खास्ता, ये बोर होकर वहीं से वापस चला जाये।

मेरे जीप रोकते ही वह बोल पड़ा, 'तुम चाय बहुत पीते हो।'

'आह्! यह सब ताड़ लेता है।' मन-ही-मन यह सोचते हुए मैंने प्रकट रूप से कहा, 'तुम अपने जमाने में नहीं पीते थे क्या?'

'मेरे जमाने में चाय नहीं होती थी। तब हमलोग शर्बत पिया करते थे। तुम

उसकी याद मत दिलाओ। क्या जमाना था...'

उसकी आवाज में जैसे सदियों पुराने किसी यादगार लमहे का अक्स उतरकर खनक-सा गया।

इस बार मैं चाय अपने भरसक ठहर-ठहरकर चुस्की लेते हुए पी रहा था और सोच रहा था कि इस मुसीबत से पिंड छुड़ाने का आसान तरीका क्या हो सकता है।

'क्या कमाल का फालसे का शर्बत तैयार करता था मेरा बावर्ची...'

मुझे लगा कि वह ऐसा कुछ फुसफुसा उठा था तो मैं पूछ बैठा, 'फालसा क्या होता है?'

'अमां, तुम तो बड़े कमअक्ल निकले। फालसे से नावाकिफ हो!' इतना कह कर वह एक झटके से बोल पड़ा, 'चलो! चलो, जल्दी खत्म करो अपनी चाय। तुम्हें चाय पीते देख-देखकर न जाने कितनी दावतें याद आने लगी हैं।'

बाप रे! यहां तो उलटा ही प्रभाव पड़ता नजर आ रहा है। बाकी चाय मैंने एक ही घूंट में गटकी और खड़ा हो गया।

अब मेरा डर मिनट-दर-मिनट बढ़ता जा रहा था। न जाने कब बाहर घूमने से इसका मन भरेगा और यह वापस उस खंडहर का रुख कर मुझे मुक्त करेगा। और तो और, बाहर की दुनिया की किस चीज का इस पर क्या प्रभाव पड़ जाये, यह भी अंदाज नहीं लगाया जा सकता।

अपनी आंतरिक बेचैनी पर काबू पाने का प्रयास करते हुए मैं यह भी प्रयास कर रहा था कि इस बेचैनी को वह न सूंघ पाये।

आगे थोड़ी घनी बस्ती वाला डेढ़-दो किलोमीटर का रास्ता आने वाला था। मैंने जीप की गति काफी कम कर दी और उसको सुनाने के इरादे से कहा, 'यहां तो चींटी की चाल से चलाना पड़ेगा। तेज चलाने पर कोई बकरी-मुर्गा पहिये के नीचे आ गया तो सारे मिलकर झगड़ा करने आ जायेंगे।'

उसकी तरफ से कोई प्रतिक्रिया न हुई। लगा, जैसे वह अपनी दावतों की याद में अब तक डूबा हुआ है।

यह भूत हद दर्जे का मूडी भूत लगता है, यह अहसास जब-जब मुझ पर हावी होता था, तब-तब स्टीयरिंग पर मेरी हथेलियां कुछ ज्यादा ही दबाव पैदा करने लग जाती थीं। मन-ही-मन यही प्रार्थना कर रहा था कि बिना इसके, बिना किसी दुर्घटना के सही-सलामत घर पहुंच जाऊं। अपनी प्रार्थनाओं के दायरे में मैं हर उस देवी-देवता के चरणों में मन-ही-मन सिर पटके जा रहा था जिसका नाम मैंने एक बार भी सुन रखा हो।

और तभी सामने उस भीड़ को देखते ही मुझे तुरंत ब्रेक मारना पड़ा।

एक पुलिस वाला मेरी जीप की ओर लपकता हुआ आया और बोनट पर डंडा

मारते हुए बोला, "वापस जाओ! जल्दी वापस मोड़ लो।"

भीड़ में से तरह-तरह के नारे उछल रहे थे और जिनके चेहरे दृष्टि के दायरे में आये वे बेहद उत्तेजित से दिख रहे थे।

"सुनायी नहीं देता तुम्हें? मोड़ो वापस, जल्दी।" पुलिस वाले ने बोनट पर चार डंडे और मारते हुए कहा तो पीछे से दो और पुलिस वाले लपकते हुए आये और अपने डंडे हिला-हिलाकर मुझे जीप वापस मोड़ लेने का इशारा करने लगे।

न मैं भीड़ का ढंग से अवलोकन कर पाया था और न ही समझ पाया था कि लफड़ा क्या है। पर अब बिना समय गंवाये मैंने रिवर्स गियर लगाया और जीप वापस मोड़ ली।

अब तक इस बिनबुलाये भूत से पिंड छुड़ाने के खयाल में डूबा हुआ मैं अब इस खयाल में गिरफ्तार हो गया कि वापस लौटकर जाऊंगा कहां, सही-सलामत अब घर पहुंचूंगा कैसे।

करीब एक फर्लांग वापस रास्ता तय कर मैंने जीप एक बंद दुकान के सामने लगा दी और उतरकर दुकान के बाहर लगे पटरे पर बैठ गया।

समझ में ही नहीं आ रहा था कि क्या करूं, कहां जाऊं। अच्छे-खासे घर को छोड़कर एकांत में पुनरावलोकन करने निकला था और यहां भीड़ का शोर मुकाबले में खड़ा है, जान बचाने का सवाल मुंह बाये हुए मुझे घूर रहा है।

'कुछ भी नहीं बदला है...'

इतना सुनते ही मेरे पूरे बदन में झुरझुरी रेंग गयी। मैं तो इसे भूल ही गया था! ये अब भी मेरे साथ है!

'तुम्हारे साथ बाहर घूमने निकला तो पहले लग रहा था कि दुनिया काफी बदल गयी है, पर अब लग रहा है कि कुछ भी नहीं...'

उस भूत की आवाज में घुले हुए अफसोस पर गौर करते हुए मैं उसकी बात भी सुन रहा था और भूत तथा भीड़ में कौन ज्यादा बड़ी मुसीबत है, इस पर भी तेजी से सोचे जा रहा था।

फिर कुछ शोर कानों के पर्दों पर ठकठकाने लगा तो मैं चौंका। यह जगह भी महफूज नहीं है, इस खयाल ने मुझे नये सिरे से डराकर रख दिया।

"मारो, एक-एक को खींच कर..."

"पूरी कौम ही इनकी कमीनी है। छोड़ना मत किसी को..."

"करेंगे मुकाबला हम भी डटकर। इस गांव में साठ नाल बंदूकें हैं..."

लग रहा था कि लोगों का कोई झुंड इधर ही आ रहा था और ज्यों-ज्यों वे पास आ रहे थे, आवाजें ज्यादा साफ सुनायी दे रही थीं।

'अब अपनी हिफाजत की सोचो। मामला संगीन होता जा रहा है...'

मैं बोला कुछ नहीं पर अंदर तक खीझ गया। घर से दूर इस अनजान-सी

जगह पर फंसा हुआ हूं और ऊपर से इसकी बकबक रनिंग कमेंट्री की तरह चल रही है।

कुछ न सूझा तो मैं उस बंद दुकान की बगल में निकली एक पतली-सी गली में तेजी से घुस गया। दृष्टि के दायरे में एक हैंडपंप के पास पानी भरती हुई एक जवान औरत, उससे थोड़ी दूर पर ऊंघता-सा एक कुत्ता और एक घर के सामने पड़ी हुई चारपाई पर सूख रहे कपड़े आये।

लगा जैसे इस ओर लफड़ा अभी पहुंचा नहीं है। वे आवाजें भी अब दूर हो गयी लग रही थीं।

उधर मेरी जीप उस दुकान के सामने खड़ी हुई है और इधर मैं इस गली में बिना कुछ जाने-समझे आगे बढ़ा जा रहा हूं। किसी ने हमला किया तो अपने बचाव के लिए मेरे पास एक छोटा-मोटा डंडा तक नहीं है। हां, जीप में एक रॉड जरूर पड़ी है। क्या वापस जाऊं और हाथ में उस रॉड को थाम लूं? पर क्या रॉड हाथ में लेकर चल रहा एक अजनबी इस बस्ती के लोगों द्वारा अपने-आप में एक खतरा तो नहीं समझ लिया जायेगा?

एक के बाद एक खयाल मेरे दिमाग में ज्वार-भाटे की तरह उठते-गिरते जा रहे थे, डर के मारे गला कांटे जैसा सूखता जा रहा था और मुझे यह लगभग पक्का ही लग रहा था कि किसी-न-किसी कोने से मेरे ऊपर हमला होकर रहेगा।

जैसे मेरे कान में उस भूत की 'भागोऽऽऽ' फुसफुसाहट उसी क्षण घुसी जिस क्षण तमाम पैरों की समवेत् धमक दक्षिण दिशा से आती सुनायी दी।

पर भागने के नाम पर मैं एक घर की बाहरी दीवार से सटकर खड़ा हो गया। एक बड़े-से पेड़ की मोटी डाल की छाया उस दीवार पर पड़ रही थी और प्रत्युत्पन्नमति में मैं उस जगह को सुरक्षित समझ बैठा था।

कलेजा जैसे सांस के साथ-साथ उछल रहा था और जीवन में पहली बार साक्षात् मृत्यु उस धमक पर सवार-सी होकर आती लग रही थी।

वे आंधी की तेजी से आये, उतनी ही तेजी से सामने भागे जा रहे तीन आदमियों का पीछा करते हुए।

क्षणांश में ही उन तीन भगोड़ों के कपड़ों पर पड़े खून के धब्बे मुझे दिख गये थे। पीछा करने वाले हाथों में तरह-तरह के हथियार भी दिख गये थे।

वे जैसे आये, वैसे ही चले भी गये।

खतरा टल गया!

निकल भागूं और जीप तक पहुंचूं!

जीप स्टार्ट कर बेतहाशा भाग चलूं अपनी राह पर, भले रास्ता रोकने वाले एक-दो पुलिस वाले कुचल जायें!

ये प्रश्न मैं अपने-आप से पूछ रहा था और जवाब मुझे मेरे पांव दे रहे थे जो थरथरा रहे थे तो थरथराये ही जा रहे थे।

"कायर! हम सारे उन हरामजादों को खोज रहे हैं और तू यहां छिपा पैंट में पेशाब कर रहा है..."

गुस्से से भरी आवाज में इतना कहने वाले ने पीछे से मेरा कंधा पकड़कर साथ चलने के लिए आगे धकिया दिया। यह हमलावरों की कोई नयी ही टोली थी, मुझे भी अपने गोल का ही समझते हुए...

थरथराना भूलकर मेरे पैर उनके पैरों के साथ भाग रहे थे, भागते-भागते उनमें से एक ने मेरे हाथ में एक लाठी पकड़ा दी थी ये कहते हुए कि बैरी मिल गया तो उसकी खोपड़ी सलामत नहीं छोड़नी है।

मैं बस उनके तरीके से भाग रहा था, उनके तरीके से हमलावर दिखने की कोशिश कर रहा था, अपने तरीके से अपनी जान बचाने की जैसे एक आखिरी कोशिश में।

चीखों और नारों की विरोधाभासी आवाज की दिशा समझ में आते ही हमारा पूरा गोल उधर दौड़ पड़ा।

खून से लथपथ तीन मांसपिंड तरह-तरह से मार खाकर फुटबाल की तरह से इधर-से-उधर उछल-गिर रहे थे और हर प्रहार के बाद मारनेवाला वहशियाना सीत्कार के साथ एक नारा लगा देता था।

"माऽऽर" मुझे लाठी थमाने वाला इतना कहकर एक मांसपिंड पर पिल पड़ा तो मेरी लाठी भी उठ गयी और उसकी लाठी पड़ने के बाद उतनी ही जोर से उस लाल हो चली खोपड़ी पर पड़ी।

एक क्षण को मुझे विश्वास ही नहीं हुआ कि प्रहार करने के बाद निकलने वाली वह फुफकारनुमा आवाज मेरे ही गले से निकली है।

उस इलाके में जीतने वाले गोल के पक्ष में प्रमाण सहित रहने की आश्वस्ति से अपने पहले के डर पर काबू पाता हुआ मैं अपनी जीप की दिशा में बढ़ता जा रहा था। एक देह तोड़ती-सी थकान जरूर पोर-पोर में समाती लग रही थी, पर अपने ऊपर कहीं से हमला हो जाने का खौफ हवा हो गया था।

जीप में बैठकर चाबी घुमाते ही कुछ सिसकियां कानों में दाखिल हुईं और उसके बाद दाखिल हुआ हिकारत से भरा यह कथन :

'कुछ भी नहीं बदला है। वही नफरत, वही वहशत। तुम भी वही निकले। इनसान की खोल में छिपे वही दरिंदे...'

मेरे द्वारा सुने गये भूत के वे आखिरी कुछ शब्द थे।

# रणांगण

महाराजगंज जिले के लक्ष्मीपुर विकासखंड के उस पशु चिकित्सालय में पशु चिकित्साधिकारी के कमरे के बाहर रखे स्टूल पर बैठा चपरासी बैठे-बैठे ऊंघ रहा था। जब कोई आहट होती या कोई मक्खी उसके नाक-कान पर चहल-कदमी करने लगती तो वह आंखें आधी खोलता।

इस बार जीप रुकने की आहट हुई तो उसने आंखें पूरी ही खोलकर जीप से उतर रहे आदमी को देखा और फिर पशु चिकित्साधिकारी के कमरे की ओर मुंह घुमाकर कुछ जोर से ही बोला :

"दे दे राम, दिला दे राम!"

अंदर बैठे पशु चिकित्साधिकारी प्रभुदयाल के चेहरे पर एक फीकी-सी मुसकान तैरी और वे धीमे स्वर में कुछ बुदबुदा उठे।

तभी जीप से उतरने वाला आदमी चपरासी के पास पहुंच गया और चपरासी ने स्टूल से आधा उठते हुए उसको एक बेमन से प्रक्षेपित अभिवादन ठोंका।

"सब ठीक चल रहा है न, रामपलट?"

"हां, हां। ठीके चल रहा है।"

इसके बाद आगंतुक प्रभुदयाल से मुखातिब हुआ।

प्रभुदयाल ने अभिवादन तक नहीं किया। आगंतुक खड़े-खड़े उन्हें घूरता रहा और फिर बोला, "काम सुस्त चल रहा है आपका।"

आगंतुक इधर-उधर पड़े रजिस्टर उलटता-पलटता रहा, दीवार पर टंगे कुछ चार्ट आंखें गड़ा-गड़ाकर देखता रहा और फिर वापस प्रभुदयाल से मुखातिब होकर बोला, "आप खयाल नहीं रख रहे हैं मेरा।"

इस बार प्रभुदयाल कुर्सी से उठे और आगंतुक से जरा जोर से बोले, "आपके दौरे का मतलब है रुपया उगाहना। जिन अस्पतालों से मिल जाता है, वहां जाइए। यहां से कुछ नहीं मिलने वाला। दस बार आइए चाहे पचास बार, एक नया पैसा नहीं मिलेगा।"

इस बीच कमरे में घुस आया रामपलट दूर से ही इशारे कर प्रभुदयाल को अपनी तरफ से समझाने की कोशिश करने लगा कि कुछ पान-पत्ता थमाकर इस बला को टालिए। प्रभुदयाल ने उसका नोटिस ही नहीं लिया।

आगंतुक वापस दरवाजे की ओर मुड़ते हुए पलटा और बोला, "इसी विभाग में हमको भी रहना है और आपको भी। सहयोग से चलना अच्छा होता है।"

प्रभुदयाल का जवाब गोली की तरह छूटा, "जो आपकी चोरी-चकारी में सहयोग दे रहे हैं, उनको लेक्चर सुनाइए।"

मुख्य पशु चिकित्साधिकारी चरणदास का प्रभुदयाल के चार्ज वाले पशु चिकित्सालय में यह चौथा दौरा था। हर बार लगभग इसी तरह की बात होती और हर बार ही रामपलट धीरे-धीरे चलते हुए प्रभुदयाल की कुर्सी के पास पहुंचता और ठहर-ठहरकर कहता, 'अरे, कुछ दे-दिलाकर फुटा देते उसको, डागडर साहेब! बहुत बेहया है। फिर कुक्कुर की तरह पहुंच जायेगा।'

इस बार ऐसा कहने पर रामपलट को जवाब मिला, "पहुंचने दो।"

"डागडर साहेब, हमको आपकी चिंता है। हमारा क्या बिगाड़ लेगा ये कुक्कुर। सुरू से देख रहे हैं, इसका चाल-चलन। पांच साल रहकर गया यहां। जो पसूपालक आये उसके सामने हाथ पसार दे भिखमंगा..."

प्रभुदयाल उसकी लंबी बात चुपचाप सुनते रहे। इतने में एक किसान अपनी भैंस की समस्या लेकर पहुंच गया और प्रभुदयाल का सारा ध्यान उसे सुलझाने पर लग गया।

राज्य सरकार के पशुपालन विभाग में प्रभुदयाल और चरणदास एक ही साथ नियुक्त हुए थे, पर मेरिट लिस्ट में ऊपर रहने के कारण चरणदास सीनियर बना हुआ था। इसी वजह से पद रिक्त होने पर उसे प्रभारी मुख्य पशु चिकित्साधिकारी का चार्ज मिल गया था। प्रशिक्षण के दिनों से ही आचार-विचार की दृष्टि से प्रभुदयाल और चरणदास दो विपरीत छोरों पर स्थित रहे थे। शुरू के दिनों में अक्सर प्रभुदयाल से वैचारिक झाड़ खाने वाले चरणदास ने मुख्य पशु चिकित्साधिकारी का चार्ज मिलने के बाद से अपने दायरे में आ रहे हर विकासखंड में तैनात पशु चिकित्साधिकारियों से उगाही का 'अभियान' चला रखा था। अब तक सिर्फ लक्ष्मीपुर विकासखंड के मामले में उसका 'अभियान' असफल चल रहा था। शुरू से ही बरकरार प्रभुदयाल और चरणदास के बीच के छत्तीस के आंकड़े में तीन तथा छह के बीच का फासला बढ़ता जा रहा था।

केंद्र सरकार से वित्तपोषित राष्ट्रीय कृषि-विकास योजना के अंतर्गत पांच-दिवसीय पशुपालक प्रशिक्षण कार्यक्रम की मुख्यालय द्वारा घोषणा क्या हुई, चरणदास को जैसे छप्पर फाड़कर सिर पर लटकते हुए लक्ष्मी के पैर नजर आने लगे। तीन दिन तक कागज-दर-कागज रंगते हुए वह पता नहीं क्या गुणा-भाग करता रहा। चौथे दिन उसने पशु चिकित्साधिकारियों से अपने सेलफोन पर संपर्क किया।

"पैंतालीस हजार का बजट है। अठारह हजार मेरा हिस्सा पहले पहुंचा दीजिएगा। बाकी का आप जो चाहे करें। रिपोर्ट दुरुस्त रहने की तसल्ली रखें।" हर विकासखंड के पशु चिकित्साधिकारी ने उसकी बात सुनी और 'सहयोग' का आश्वासन दिया। प्रभुदयाल के पास फोन करने की चरणदास की हिम्मत ही नहीं हुई। वह इस 'समस्या' पर सोचता रहा, सोचता रहा। फिर उसने अपने क्लर्क इम्तियाज को बुलवाया।

आठ ग्राम पंचायतों को मिलाकर बनी एक न्याय-पंचायत में पचास पुरुषों तथा पचास महिलाओं को प्रशिक्षण के लिए चयनित करने से लेकर प्रशिक्षण के लिए उपयुक्त विशेषज्ञों को बुलाने का काम पशु चिकित्साधिकारी के ही जिम्मे था। चारा-विकास, दुग्ध-विकास से लेकर बकरी-शूकर पालन तक पर किसानों का ज्ञानवर्धन विशेषज्ञों के माध्यम से होना था, पूरे पांच दिन चलने वाले प्रशिक्षण में। पर मात्र पैंतालीस हजार रुपयों के बजट में टेंट-फर्नीचर से लेकर माइक का इंतजाम, विशेषज्ञों के मानदेय से लेकर किसानों को दिये जाने वाले लंच का भुगतान और ऊपर से कार्यक्रम की वीडियोग्राफी कैसे सब-कुछ ढंग से कर लिया जाये—यही सोच-सोचकर प्रभुदयाल परेशान हो रहे थे।

तभी उनका सेलफोन टुनटुनाया।

"सलाम, डॉक्टर साहब! सब खैरियत है न?"

"जी हां, शुक्रिया।" इम्तियाज के फोन का जवाब देते ही प्रभुदयाल के कान सुर्ख हो गये।

"हेडऑफिस का हुक्म है कि प्रशिक्षण कार्यक्रम में कोई नुक्स रहना नहीं चाहिए। आप तो समझदार हैं ही।"

"जी, जी। शायद जरूरत से ज्यादा समझदार हूं।"

इम्तियाज का ठहाका सेलफोन में गूंजते ही प्रभुदयाल ने सेलफोन कान से दो मिलीमीटर पीछे खिसका दिया।

"कहने की जिम्मेदारी मुझे सौंपी गयी है, माफ करें। अठारह हजार पहुंचाना है।"

प्रभुदयाल के कानों को सुर्ख कर रहा खून कपाल पर चढ़ने लगा। किसी तरह अपने को जज्ब कर बोले, "मेरी वरीयता पूरे पैंतालीस हजार खर्च कर ढंग से कार्यक्रम करवाना है। जवाब पहुंचा दीजिएगा।"

"सोच लीजिए, डॉक्टर साहब! हम तो आपका भला चाहते हैं।"

"शुक्रिया, जनाब! हम भी किसानों का भला चाहते हैं, उनके पशुओं का भला चाहते हैं।"

एक खिसियाहट-भरी हँसी के साथ उधर से संवाद का समापन किया गया। प्रभुदयाल कमरे से बाहर जाकर गले में जमा हुआ थूक जोर से निकाल आये और

कार्यक्रम का खाका दुरुस्त करने पर वापस जुट गये।

किसानों की जिज्ञासाओं का उत्तर विशेषज्ञ जहां तकनीकी भाषा में देने लगते वहां स्थानीय बोली की संप्रेषणीय शब्दावली में प्रभुदयाल उल्था कर देते और किसान एकदम से खुश हो जाते।

प्रशिक्षण के दौरान एक महिला प्रशिक्षार्थी चाय बंटवा रहे रामपलट से बोली, "ई डागदर साहेब त देवता जइसन काम करेलें।"

दूर जाता हुआ रामपलट भुनभुनाया, "कलजुग में देवता बनिहें त कष्ट भोगे खातिर करेजा मजबूत करके बइठल रहें।"

प्रभुदयाल ने हर विशेषज्ञ को व्यक्तिगत रूप से धन्यवाद देते हुए मानदेय पकड़ाने के साथ बाकायदा रसीद भी ले ली। हर मद में हुए खर्च को वे खुद रजिस्टर में नोट करते जा रहे थे और सारे बिल-वाउचर क्रम से नत्थी भी करते जा रहे थे। उन्हें ऐसा करते हुए देखकर कंपाउंडर बनवारी से न रहा गया और वह बोल पड़ा :

"अरे, डॉक्टर साहब! कुछ  हमलोगों पर भी छोड़ दीजिए न। विश्वास करें, आपके राज में आपके तरीके से ही काम करेंगे।"

मुसकराकर प्रभुदयाल ने बाकी काम उसको सौंप दिया।

सारा काम समाप्त हो जाने के बाद कुर्सी पर सुस्ताने की मुद्रा में बैठे प्रभुदयाल के पास रामपलट पहुंचा और बोला:

"हमके हवा नाहीं लागल अउर बड़का डागडर साहेब क दउरा हो गइल। बाऽऽह!"

रामपलट से यह पता चलते ही कि चरणदास की जीप बाहर-बाहर ही प्रशिक्षण स्थल का चक्कर लगाकर लौट गयी है, प्रभुदयाल की पेशानी पर कुछ रेखाएं आड़ी-तिरछी हुईं। फिर वे जैसे अपने-आप से ही बोल पड़े, 'हमारा काम हमारे ढंग से, उसका काम उसके ढंग से।'

प्रशिक्षण-कार्यक्रम संपन्न होने के तीन महीने बाद अपने ही बैच के एक पशु चिकित्साधिकारी से प्रभुदयाल को सूचना मिली कि सेवा-रजिस्टर में उनकी प्रविष्टि खराब दर्ज की गयी है। शहर में मकान लेकर अपने बच्चों को वहीं पढ़ा रहे प्रभुदयाल भोर में ही उठकर तैयार हो जाते थे और लक्ष्मीपुर जाने के लिए ट्रेन पकड़ लेते थे। इस वजह से रात में दस बजे तक सोने चले जाने वाले प्रभुदयाल को बारह बजे भी जागते देखकर पत्नी को आश्चर्य हुआ। आशंकित होकर वे बोल पड़ीं, "तबीयत ठीक नहीं लग रही है क्या?"

"तबीयत तो ठीक ही है।"

“तो क्या हुआ?”

“कुछ नहीं। थोड़ी देर में सो जाऊंगा। चिंता न करो।”

पत्नी को जैसे विश्वास नहीं हुआ। फिर, प्रभुदयाल ने आश्वस्त किया, “कुछ नहीं हुआ न। तुम सो जाओ, सुबह मुझसे भी पहले उठ जाती हो।”

मासिक बैठक में महाराजगंज जिले के सारे विकासखंडों में राष्ट्रीय कृषि-विकास योजना के अंतर्गत हुए अब तक के कार्य की समीक्षा हो रही थी। इस बार पशुपालक प्रशिक्षण कार्यक्रम में हुआ कार्य कार्यसूची में सबसे ऊपर था। एक-एक कर पशु चिकित्साधिकारी अपने हाथों में फाइल-रजिस्टर थामे हुए आते जा रहे थे।

प्रभुदयाल सबसे बाद में आये। उनके हाथों में न कोई फाइल थी, न कोई रजिस्टर। न किसी को उन्होंने अभिवादन किया, न किसी ने उनको। यहां तक कि बैठक के अध्यक्ष मुख्य पशु चिकित्साधिकारी के आगमन पर भी, सबके उठ खड़े होने के बावजूद, प्रभुदयाल बैठे ही रहे।

हर पशु चिकित्साधिकारी अपने विकासखंड में हुए प्रशिक्षण कार्य का ब्यौरा पेश कर रहा था। अध्यक्ष महोदय बीच-बीच में सप्रयास खींची गयी ‘हूंऽऽ’ उच्चारित किये जा रहे थे। वातावरण ऐसा बन गया था जैसे बेहद गंभीरता से किये गये कार्य की समीक्षा उतनी ही गंभीरता से की जा रही हो।

एक-दो बार चरणदास ने अपनी नजरें घुमाकर उपस्थित मातहतों के हाल-हुलिये का जायजा भी लिया, बिना किसी विशेष व्यक्ति को लक्षित करने का आभास दिये हुए।

अंत में, अब तक निर्विकार भाव से सब-कुछ देख-सुन रहे प्रभुदयाल की ओर प्रश्न उछाला गया, “और आप?”

प्रभुदयाल ने आहिस्ता से कहा, “प्रशिक्षण कार्यक्रम के दौरान आप खुद दौरा कर ही चुके हैं। मालूम ही होगा आपको कि कार्य कैसे संपन्न हुआ।”

अब चरणदास झटके से बोल पड़ा, “हां, हां मालूम है। न ढंग के विशेषज्ञ न ढंग का इंतजाम। खानापूरी हो रही थी। किसान बता रहे थे कि कुछ भी नहीं पता...”

प्रभुदयाल ने उसे बोलने दिया।

अध्यक्षीय गुबार को उपस्थित अधिकारियों में से कुछ धीमे-धीमे मुसकराते हुए तो कुछ प्रत्यक्ष अरुचि से सुनते जा रहे थे। प्रभुदयाल का चेहरा भावहीन बना हुआ था।

चरणदास का गुबार निकल गया तो उसके चेहरे पर प्रभुदयाल की तीखी

निगाह टिक गयी।

"और कुछ?" कहकर प्रभुदयाल हलके से हँसे।

"वाऽऽह! वाऽऽह! देखिए आप सब लोग। क्या उद्दंडता है! एक तो काम ढंग से नहीं करवाये और ऊपर से ये मिजाज।" हाथ नचाकर चरणदास ने कहा तो कुछ लोगों ने पहलू-भर बदला, और कुछ नहीं।"

"हां, हां! देखिए सब लोग सरकारी दफ्तर में खुलेआम हो रही नौटंकी। इनकी चोरी-चकारी में जो सहयोग न करे उसका काम खराब बतायेंगे, उसकी प्रविष्टि खराब कर देंगे।" प्रभुदयाल ने तेजी से कहा।

अब लोग किंचित् गंभीरता से मामला समझने की मुद्रा में आ गये। चरणदास हकलाते हुए बोला, "क-क्या बोलते जा रहे हैं आप? आपको होश है कि किसके सामने बैठे हैं?"

"जरूर, पूरा होश है। पैंतालीस हजार रुपयों के बजट में से अठारह हजार सीधे खा जाने वाले भ्रष्ट अधिकारी के सामने बैठा हूं। जिन्होंने विभिन्न कारणों से इनके भ्रष्टाचार में सहयोग दिया, उनका काम उत्तम और जो ईमानदारी से पूरा बजट खर्च कर प्रशिक्षण कार्यक्रम संपन्न करवाये, उसका काम निकृष्ट।"

अपनी भद्दी आवाज में और भद्दापन घोलते हुए चरणदास बौखला उठा, "नौकरी नहीं करनी है क्या?"

"नौकरी! अरे, नौकरी मैं ही तो कर रहा हूं। आप तो चोरी-डकैती कर रहे हैं। केंद्र सरकार की योजना का रुपया खाकर डकार तक नहीं ले रहे हैं और मेरे काम के ऊपर बेढंगा होने का आरोप लगा रहे हैं। चोरी और ऊपर से सीनाजोरी!"

चरणदास का चेहरा विकृत हो गया था। घरघराती हुई आवाज में प्रभुदयाल को खुलेआम तमाम तरह की धमकियां देने लगा।

अब प्रभुदयाल आहिस्ता से उठे। उनके उठते ही चरणदास कुर्सी पर दो इंच पीछे खिसक गया।

"डरो मत, मारुंगा नहीं।" इतना कहकर प्रभुदयाल थोड़ा थमे और फिर आगे बोले, "मरे हुए को क्या मारना। उपस्थित लोगों में से किसी को भी तुम्हारी अर्थी में कंधा देने का दुर्भाग्य हुआ तो वह देखेगा कि तुम अपने साथ टिकटी पर चोरी-चकारी से जुटाये गये लाखों रुपयों में से एक अठन्नी भी नहीं ले जा रहे।"

और प्रभुदयाल झटके से कमरे के बाहर निकल गये।

कमरे में उनकी कुर्सी की तरफ भी देखने की किसी की हिम्मत नहीं हुई।

# बर्फ

हमेशा की तरह उसके आ पहुंचने की सूचना अविजित को ईमेल से मिली। सुबह-सुबह देवाधिदेव कंपूदेव के सामने सिर झुकाते ही स्क्रीन पर उसका संदेश झिलमिला गया :

"पहुंच गया। सत्ताईस तक रहूंगा।"

'सत्ताईस! तो इस बार थोड़ी लंबी छुट्टी लेकर आया है।' अविजित ने मन-ही-मन अंदाज लगाया। आते ही थोक के भाव में ईमेल कर नीरज सारे दोस्तों को सूचना दे देता था। हां, इस बार परेश से उसकी मुलाकात नहीं हो पायेगी। उससे क्या अब किसी से भी परेश मुलाकात नहीं कर सकता। घर-दफ्तर, सोते-जागते, जाड़ा-गर्मी हर समय हर जगह काम के ही बारे में सोचने वाले परेश का काम तमाम कर गया बिना पूर्वसूचना आ धमका दिल का दौरा।

दिन-भर सेलफोन पर एक के बाद एक दोस्त उससे हुई बात के बारे में बताता गया। शाम को यह पाकर कि बात करने में बस वही पीछे रह गया है, उसके नाम के बजाय 'प्रवासी' नाम से दर्ज नीरज का लैंडलाइन नंबर अविजित के सेलफोन पर दब गया।

फोन नीरज की मां ने उठाया था। 'पैरी पैना' के जवाब में असीसते हुए उन्होंने बताया कि नीरज तो बाथरूम में नहाने घुसा हुआ है। दो मिनट बाद ही फोन आया, "कच्छप कुमार! अब जाकर मेरे ईमेल तक पहुंच पाया क्या?" इस बार नीरज की आवाज में हलका-सा कंपन साफ सुनायी दिया।

"नहीं, प्रवासी पाजी। सोचा, शाम को तेरे से फुर्सत में बात करूंगा।"

"तुझे फुर्सत-ही-फुर्सत है, भाई! कभी जिंदगी में हड़बड़ी दिखाई नहीं चाहे..." और ठहाका लगाकर नीरज बोलता ही चला गया।

ठहाकों से टंके हुए उसके वाक्यों को सुनते-सुनते अविजित सोचे जा रहा था कि परेश की मौत को नीरज बिलकुल ही भूला बैठा है क्या?

"हां, तो बहुत फोनिया लिया बबुआ कच्छप से। अब कल सुबह दस बजे बिलकुल तैयार रहना। जानता हूं, तेरी छुट्टी होगी।"

"कहीं चलना है?" अप्रत्याशित रूप से अपनी ओर उछाल दिये गये उसके प्रोग्राम से थोड़ा चौंककर अविजित बोल पड़ा।

"हां, चलना है। यह करमदलिद्दर प्रवासी तेरे साथ अपने उस दोस्त के घर जायेगा जिसे अब सिर्फ अपनी यादों में देखा जा सकता है।"

नीरज की आवाज में लरज गया दुःख अभी अविजित की क्षण-भर की चुप्पी में प्रतिबिंबित हो ही रहा था कि बात खत्म करते हुए दूसरा वाक्य आया :

"मिलते हैं कल, कच्छप! ओके..."

मनोरंजक और अक्सर व्यक्ति-विशेष की विशिष्ट प्रकृति को साकार कर देने वाले नाम रख डालने में नीरज का कोई सानी नहीं था। छात्र जीवन में तो वह दिन में दस के हिसाब से आते-जाते दिख रहे लोगों के नाम रखता फिरता था। केमिस्ट्री पढ़ाने वाले अध्यापक का नाम उसने 'सल्फर' रखा था और एक बार तो उनकी क्लास खाली रहने पर प्रधानाचार्य के राउंड लगाते हुए पूछ पड़ने पर एक बोका छात्र मुंह फाड़कर बता भी बैठा :

'आज सल्फर नहीं आये हैं।'

उसके बाद कक्षा में फूट पड़ने वाले ठहाके और नतीजे में पूरी कक्षा की सिलसिलेवार फजीहत आज भी अविजित के गालों को मुसकराहट की मुद्रा में सिकोड़कर रख देते हैं।

"बोलो, नवाब निखट्टू।"

अविजित के मुंह से नीरज का रखा हुआ नाम निकलते ही फोन में राशिद की हँसी खनखना गयी।

"ठाकुर ठसक सिंह परसों तशरीफ ला रहे हैं। तभी सारे लोगों के साथ बैठने का प्लान बना है। अभी तो कल तुम उसके साथ अनुपमा भाभी से मिलने जा रहे हो न।"

"हां। क्या तुम..."

राशिद ने अविजित की बात काटकर स्पष्ट किया, "नहीं, मैं साथ नहीं चल रहा। आलिया के स्कूल में फंक्शन है। तुम हो आओ।"

नीरज जब हिंदुस्तान में ही नौकरी करता था तो बैठकबाजी सूर्यप्रताप के घर पर ही हुआ करती थी। सीधे उसके खेतों से आयी दिव्य स्वाद वाली पालक का साग, घी चुपड़ी मोटी-मोटी रोटियां, मेवे से सजा हुआ गाजर का हलवा इत्यादि जब अक्सर बैठक के समापन पर होने वाले भोज में सूर्यप्रताप के नौकर और खाने का आग्रह कर-कर खिलाते तो लौटते हुए पैरों के लिए जरूरत से ज्यादा भरे पेट का भार उठाना मुश्किल लगने लगता। एक दिन तृप्ति की रौ में सूर्यप्रताप को लजीज खाने के लिए 'शुक्रिया' कहते जा रहे राशिद को बीच में ही रोककर नीरज ने सूर्यप्रताप का भी नामकरण कर ही दिया था, "भाईजान उर्फ नवाब निखट्टू! इस बात पर गौर करें कि ये साहब आपकी तरह नाम के नवाब नहीं हैं। ठसक से रहने, ठसक से चलने और ठसक से खिलाने वाले ठाकुर ठसक सिंह

हैं। बोलो, ठाकुर ठसक सिंह की जय..."

मजे की बात यह थी कि सारे दोस्तों में सिर्फ सूर्यप्रताप को अपने लिए नीरज का रखा हुआ नाम पसंद आया था। और नीरज के यहां रहते हुए किसी भी दोस्त ने जवाब में उसका कोई नाम नहीं रखा था। 'प्रवासी' नाम तो उसके विदेश चले जाने के बाद बातों-बातों में अविजित के मुंह से निकला था और तब से उसके साथ चिपक गया था।

पर अविजित ने एक-दो बार नोट किया था कि 'प्रवासी' पुकारने पर उसकी पेशानी पर हलकी-सी सिकुड़नें जरूर झलककर तुरंत गायब हो जाती हैं।

अविजित की पत्नी और बच्चों से बातें करने, चाय-पकौड़ा उदरस्थ करने और ड्राइंगरूम के बदले हुए हुलिये पर दो-चार मजेदार टिप्पणियां जड़ने के बाद नीरज झटके से उठकर खड़ा हो गया और बोला, "चल!"

"अरे, बैठ न। अभी..."

"नहीं, चल।" वह जैसे यहां और समय न बिताकर परेश के घर पहुंचने की जल्दी में था।

गाड़ी चलाते हुए अविजित से नीरज ने रास्ते-भर कोई बात नहीं की। एक बार सामने वाले वाहन के अचानक ब्रेक लगा देने से मजबूर होकर लगाये गये ब्रेक के झटके से थोड़ा चौंकते हुए उसने अविजित को मुंह घुमाकर देखा जरूर।

और परेश की पत्नी से सामना होते ही नीरज के मुंह से पहला वाक्य निकला, "भाभी, विदेश में रहने की इससे बड़ी सजा क्या हो सकती है कि अपना दोस्त दिल पर इतना बोझ लादे रहा और मुझे खबर तक नहीं थी।"

परेश की पत्नी एक क्षण उसके चेहरे पर नजरें टिकाकर आहिस्ता से बोली, "किसे थी खबर?"

बातों-बातों में नीरज घर की स्थिति का अंदाज लेता रहा। परेश हम सबमें अपनी बचत का ढंग से निवेश करने में अव्वल था, इसलिए कोई आर्थिक परेशानी नहीं थी।

"उसकी फोटो कहां है?" अचानक ही नीरज इतना बोला तो परेश की पत्नी ने उसे शयनकक्ष में टंगी बड़ी-सी फोटो के सामने ले जाकर खड़ा कर दिया। अपनी ठोढ़ी सीने पर टिकाये हुए वह न जाने क्या-क्या बुदबुदाता रहा। अपेक्षा से अधिक ही देर उसे वहां खड़ा देखकर परेश की पत्नी भी किंचित् आश्चर्य में थी। वापसी में अविजित गाड़ी चलाता रहा और नीरज बिलकुल चुप बैठा रहा। पर गंतव्य पर पहुंचकर उसके मुंह से जैसे बहुत देर से रोककर रखा गया वाक्य उच्छवास के साथ निकला, "कैसे चुपचाप चला गया अपना दोस्त!"

सूर्यप्रताप के आते ही सारे दोस्त इकट्ठा हुए। राशिद और अविजित और बातें करते जाने के साथ बीच-बीच में नीरज के विदेश-प्रवास से संबंधित जिज्ञासाएं

भी उसकी ओर उछालते जा रहे थे। काम, कंपनी, मौसम, कार्य-संस्कृति, बेरोजगारी की दर, औद्योगिक विकास की दर इत्यादि से संबंधित कुछ जिज्ञासाओं का तो वह उत्तर देता पर, कुछ के मामले में बात दूसरी तरफ मोड़ देता। लंच के समय मैंगो फ्लेवर की आइसक्रीम खाते-खाते नीरज सूर्यप्रताप की ओर मुड़कर बोला, "तुम्हारा आमों वाला बाग अब भी मौजूद है?"

"हां, है। पर अभी तो आमों का सीजन नहीं है।"

"मालूम है, मालूम है। अचानक याद आ गया वो जमाना जब हम उस बाग में खाटों पर बैठकर बालटी-बालटी चुसुआ आम खा जाया करते थे।"

सूर्यप्रताप हलके से हँसकर बोला, "अब वो बात कहां। नयी पीढ़ी तो चूस कर खाये जाने वाले आम की बात समझेगी ही नहीं। सारे गूदे वाले कलमी आम चम्मच से खाते हैं। वैसे भी मेरे गांव में अब मेरा बाग एक अजूबा ही समझा जाता है। सारे बाग-तालाब धीरे-धीरे शहर को वहां तक फैलाने में लगे बिल्डर लीलते जा रहे हैं।"

"चाँदी हो गयी, भाई। गांव वाले जमीन बिल्डरों को बेचकर करोड़पति बनते जा रहे हैं। है न?" राशिद ने सूर्यप्रताप से कहा।

"अपना-अपना नजरिया है, भाई!" सूर्यप्रताप ने स्वर में हलका-सा दु:ख घोलते हुए कहा।

"क्यों? तुम अपने गांव के विकास से खुश नहीं हो?"

नीरज के प्रश्न पर सूर्यप्रताप ने थोड़ा ठहरकर जवाब दिया, "कहा न कि अपना-अपना नजरिया है। बहुत-सी बातों से बहुत सारे लोग खुश हैं, पर वो बातें मुझे परेशान करती हैं। जिन बातों से मैं खुश होता हूं उनमें किसी और को शायद खुश होने वाली कोई बात ही न लगे।"

राशिद ने ताली बजाकर कहा, "वाऽह! उम्र बढ़ने के साथ ठाकुर ठसक सिंह फिलासफी भी बतियाने लगे।"

राशिद की बात पर नीरज को छोड़कर सब हँस पड़े।

अविजित ने नीरज की चुप्पी नोट की तो उससे पूछा, "प्यारे प्रवासी! तुम खुश हो कि नहीं?"

"अ-क्या?" नीरज जैसे किसी गंभीर सोच से उखड़ गया और फिर बात समझकर हाथ हवा में लहराते हुए बोला, "कोई बताये हमें कि हम बतायें क्या?"

"वाह! मान गये जनाब को। शायरी में जवाब देने लगे और वह भी गालिब की।"

राशिद के इतना कहते ही कविता की दो प्रसंगानुकूल पंक्तियां अविजित ने सुनायीं तो दो सूर्यप्रताप ने।

ट्रे उठाकर जाता हुआ सूर्यप्रताप का मुंहलगा नौकर दरवाजे पर ही ठिठक गया

और मुड़कर सूर्यप्रताप से बोला, "पहिले इस घर में बहुत सायरी होती थी। बड़का बाबू से मिलने मार सायर लोग आते थे।"

"सायर नहीं, शायर।" राशिद ने उसे टोका।

"वैसे, तब लोगों के पास समय भी बहुत हुआ करता था कविता कहने-सुनने के लिए।" अविजित ने इतना कहकर सूर्यप्रताप की ओर देखा।

"ऐसी बात नहीं है। बाबूजी बहुत व्यस्त वकील थे," सूर्यप्रताप बोला।

"जिस चीज में आदमी की रुचि हो उसके लिए समय निकल ही आता है। सही है कि नहीं?" नीरज ने इतना कहकर एक ही नजर में सारे दोस्तों के चेहरे नाप लिये।

"सही है।" कहकर राशिद ने शरारत से पुतलियां नचायीं और सिर झुकाकर सलाम करते हुए बोला, "गौर फरमायें नवाब निखट्टू की शानदार शायरी पर :

*सुबह-सवेरे दफ्तर जायें*
*मातहतों से मगज चटवायें*
*बॉस से झाड़ खायें*
*शाम को जब घर आयें*
*तो बीवी कहे 'आये निखट्टू'*

उसकी तुकबंदी पर जब हँसी थमी तो सूर्यप्रताप ने कहा, "आगे से ऐसी बेसिर पैर की चीज कविता के नाम पर सुनायी तो दफ्तर में तुम्हारी नेमप्लेट पर 'निखट्टू' लिखवा दूंगा।"

फिर हँसी के फव्वारे उठे।

बातों-कहकहों का सिलसिला थोड़ा मद्धिम हुआ तो नीरज एक क्षण में आहिस्ता से उठा और दोनों हाथ उठाते हुए बोला, "मेरा एक सुझाव है।"

"भाई, सुझाव ही देना। खड़े होकर प्रवचन मत झाड़ने लगना।" राशिद हँस कर बोला।

"नहीं, सुझाव ही दे रहा हूं। गौर करना या न करना।" नीरज मुसकराया।

"दे डालो भी जल्दी अपना सुझाव।" अविजित ने चेहरे पर से मक्खियां हटाने के अंदाज में हाथ लहराया।

नीरज ने सारे दोस्तों के चेहरों पर एक-एक कर नजर टिकाते-हटाते हुए जोर से कहा, "सालों बाद हम इकट्ठे बैठे बोल-बतिया रहे हैं। कल इतवार है और तुम सबकी छुट्टी होगी ही। जहां तक मुझे याद है सूर्यप्रताप का गांव यहां से पैंतालीस-पचास किलोमीटर होगा। मेरा सुझाव है कि कल हम सारे दोस्त सुबह-सुबह तैयार होकर वहां पहुंचें और दिन-भर इसके बगीचे में बैठकर खायें, पियें, हँसें और...और, कविताएं सुनें, सुनायें।"

एक क्षण को जैसे बाकी सारे दोस्त चुप्पी साधे बैठे रहे। फिर अविजित की

आवाज गूंजी, "वाऽह! क्या आइडिया है!"

सूर्यप्रताप मुसकराया, "कोई मुश्किल नहीं है। अभी बोल देता हूं सारे इंतजाम करने को। बस, सारे लोग तय कर लो प्रोग्राम।"

"तय है, तय है। बीवी-बच्चों की कड़कड़ से एक दिन तो निजात मिलेगी। अमराई में बहे पुरवाई और बैठकर हम बतियायें हवा-हवाई..."

राशिद ने अपनी समझ से लतीफा छोड़ा तो सूर्यप्रताप ने झिड़का, "भाई, अभी से मत शुरू हो जा। वैसे, ऐसी कविता मेरे बाग के पेड़ों ने सुन ली तो झल्लाकर तेरी खोपड़ी पर टहनी फेंककर चपत लगा देंगे।"

"खोपड़ी भी कुछ बदलाव महसूस कर लेगी। भाभीजान की मुलायम चपत के बजाय टहनी की टनाटन चपत!" नीरज ने हँसकर कहा।

तभी अविजित ने थोड़ी गंभीर मुद्रा बनाकर कहा, "एक ही दिक्कत है। सोमवार को बोर्ड मीटिंग है। कल रात को थोड़ी..."

"नहीं चलेगा, नहीं चलेगा। कोई बहाना नहीं चलेगा। अर्ज किया है..."

सूर्यप्रताप ने राशिद को टोका, "अरे, निखट्टू! अब जो कुछ अर्ज करना है, मेरे बाग में ही करना।" फिर वह अविजित की ओर मुड़ा, "कल रात तक वापस आ जायेंगे। सारा इंतजाम पक्का करवा दूंगा। बस डेढ़ घंटे जाने के, डेढ़ घंटे आने के और पांच-छह घंटे बाग में बिता लेंगे।"

राशिद अब गंभीर होकर बोला, "यार! सात समंदर पार कर आया है ये। दफ्तर के काम-शाम कहां भागे जा रहे हैं। एक दिन की ही बात है।"

थोड़ा सोचकर अविजित ने कहा, "ठीक है, पर रात आठ बजे तक वापस आ जायेंगे, भले भोर में ही निकल लो।"

"डन!"

"डन!"

और प्रोग्राम तय हो गया।

बाग में आम के ही पेड़ नहीं थे, बबूल और नीम के भी कई पेड़ नजर आये। नीरज घूम-घूमकर हर वृक्ष का निरीक्षण करता जा रहा था और कोई-न-कोई टिप्पणी भी जड़ देता था। राशिद उसके पीछे-पीछे था, पर सूर्यप्रताप तथा अविजित आम के एक पेड़ के नीचे चारपाइयां इत्यादि बिछवाने में लगे थे।

"वाऽऽह! क्या पेड़ है! पेड़ क्या सारे पेड़ों का परदादा है।" एक पुराने और बड़े से पीपल के पेड़ को अचानक बाग में पाकर नीरज अभिभूत-सा उसके नीचे खड़ा हो गया।

मंद-मंद हवा चल रही थी और उसके धक्के से ठुमके लगाते हुए पीपल के

पत्तों पर उसकी नजरें गड़-सी गयीं। थोड़ी देर बाद वह राशिद की ओर मुंह घुमाकर बोल पड़ा, "भाई, यह पेड़ न सिर्फ कविता रच रहा है, बल्कि उस पर मस्त हुआ-सा गा-नाच भी रहा है।"

"क्या बात है! पेड़ के बारे में ऐसा आजतक न किसी ने सोचा होगा, न कहा होगा।" राशिद इस बार हँसा नहीं। दो क्षण चुपचाप खड़ा-सा नीरज पलटा और तेज-तेज कदमों से सूर्यप्रताप की ओर बढ़ा।

"वहीं कविता सुनी-सुनायी जायेगी...वहां।" सूर्यप्रताप के पास पहुंचकर नीरज ने पीपल के पेड़ की ओर इशारा किया।

"ये लो...सारा इंतजाम करवा लिया तो..."

सूर्यप्रताप की बात काटकर नीरज झटके से बोला, "भाई, वह पेड़ ही कवि है। वहीं ठीक रहेगा।"

सूर्यप्रताप ने पहले उसको थोड़े कौतुक से देखा, फिर अविजित की ओर एक मुसकान फेंकी।

"कोई बात नहीं, मैं करवा देता हूं उधर सब-कुछ।" जिम्मेदारी लेकर अविजित सूर्यप्रताप के आदमियों से सारा सामान उधर पहुंचवाने में लग गया।

सूर्यप्रताप वहीं नीरज से बतियाते हुए खड़ा रहा और पीपल के नीचे अविजित को राशिद की मदद मिल गयी।

बीच-बीच में प्रचुर खाद्य सामग्री आती जा रही थी, अविजित का कविता-पाठ कुछ लंबा ही खिंच रहा था। दरअसल, वह अपनी नहीं बल्कि नामचीन कवियों की याद रह गयी कविताएं रुक-रुककर सुनाये जा रहा था।

"हो गया...हो गया। सुभानअल्लाह! अब बाकी लोगों को भी चांस दिया जाये।" राशिद से न रहा गया तो टोक बैठा।

चिढ़कर अविजित बोला, "आप ही चांस ले लें, शायरेआजम निखट्टू मुरादाबादी।"

"मुरादाबादी नहीं, वहां तो मेरी ननिहाल है। मैं बरेली का हूं।"

"चल सुना दे अपनी तुकबंदी, निखट्टू बरेलवी," सूर्यप्रताप बोला।

"अर्ज किया है..."

"इरशाद!" सूर्यप्रताप ने लगभग डांटने के अंदाज में कहा।

राशिद ने सलाम के अंदाज में हाथ माथे से लगाया और कहा, "मैं तो अपनी ही शायरी सुनाऊंगा, पसंद आये चाहे न आये।"

"सुनाओ, सुनाओ।" नीरज ने उसका हौसला बढ़ाया।

गला खंखारकर राशिद शुरू हो गया :

*उस शहर में मैं हूं*
*पर मेरा दिल नहीं है...*

"अरे, वाह..."

"छुपे रुस्तम निकले, भाई!"

सूर्यप्रताप और अविजित ने लहककर दाद दी, पर इन पंक्तियों को सुनते ही नीरज का चेहरा ज्यादा ही गंभीर दिखने लगा।

राशिद ने जब अपनी कविताओं का पाठ समाप्त किया तो बाकायदा तालियां बजीं और फिर सवाल खड़ा हो गया कि सूर्यप्रताप और नीरज में से कौन पहले कविता कहे। अविजित के इसरार पर नंबर पहले नीरज का लगा।

नीरज प्रवास की पृष्ठभूमि पर कविताएं सुना रहा था और दोस्त लोग रुचि ले-लेकर सुन रहे थे। एक मोड़ पर तो राशिद ने कह दिया, "यहां तो कभी तुम्हारे मुंह से कुछ सुना नहीं। सारी शायरी वहां जाकर ही शुरू हुई लगती है।"

मुसकराकर नीरज ने सुनाना जारी रखा और बीच में कहा भी, "कविता का कोई ठिकाना नहीं। खुद नहीं पता होता कि कब अंदर पक गयी।"

"पक गयी! अमां, क्या जुमला उछाल मारा! वाऽह!" राशिद ने प्रशंसा में कहा।

"बात तो वजनदार है।" सूर्यप्रताप ने तसदीक की।

"पर एक..." कहते-कहते नीरज रुक गया।

"क्या?" राशिद बोला।

"छोड़ो, जाने दो।"

"कहो तो, बात क्या है?" सूर्यप्रताप ने नीरज को गौर से देखकर कहा।

"मेरी एक कविता ऐसी है जिसे सुना पाना बहुत मुश्किल है।"

"अच्छा!" सूर्यप्रताप ने इतना कहकर अविजित की ओर देखा तो अविजित बोल पड़ा :

"सुनाने में क्या मुश्किल, भाई!"

नीरज चुप रहा।

"कोशिश करके देखो। आधी बात से तो कुछ समझ में नहीं आयेगा।" अविजित ने जोर दिया।

नीरज दोस्तों के चेहरों पर नजरें घुमाता रहा। फिर जैसे पूरी ताकत समेटते हुए कहना शुरू किया :

*बाहर सड़क पर*
*गिर रही है बर्फ...*

और इतना ही कहकर एकदम से चुप हो गया। उसका चेहरा विवर्ण सा होने लगा।

थोड़ी चुप्पी के बाद सूर्यप्रताप की आवाज फूटी, "छोड़ दो अगर कोई मुश्किल है इसमें।"

अविजित ने नीरज के चेहरे पर गौर कर सूर्यप्रताप की बात का समर्थन किया:

"हां, रहने दो।"

राशिद कुछ असमंजस में पड़ा-सा नीरज से पूछ बैठा, "भाईजान, कोई बात है क्या?"

नीरज ने बेबसी से उसकी ओर देखा। इस पर सूर्यप्रताप ने घड़ी देखी और समापन भाव से कहा:

"रहने दो।"

इस सबके बीच सूर्यप्रताप के कविता-पाठ का नंबर ही नहीं आ पाया। गांव के कुछ लोग उसे ढूंढ़ते हुए आ पहुंचे और किसी दोस्त ने उससे कुछ आगे कहा भी नहीं।

हां, एक बात जरूर वापस लौट रहे हर दोस्त के दिमाग में उठ रही थी कि प्रोग्राम बनाने वाला और कविता-पाठ को लेकर खिला-खिला-सा रहा नीरज लौटने के सफर में इस कदर चुप-चुप क्यों है?

नीरज के वापस विदेश लौटने के दिन के पहले वाली रात को अविजित ने अपने घर पर सबको खाने पर बुलाया। परेश की पत्नी भी आयी। बल्कि दोस्तों ने बाग में कविता-पाठ का किस्सा उसे सुनाया तो परेश की पत्नी का खासा मनोरंजन भी हुआ। सूर्यप्रताप ने नीरज का हाथ दबाकर सिर्फ उसको सुनाने के लिए बहुत धीरे से कहा, "गमखोर गधे। बांटने से गम कम हो जाता है।"

नीरज के होंठों पर बस एक क्षीण-सी मुसकराहट झलकी।

राशिद उनकी ओर झुककर बोला:

"तुम लोग क्या खुसुर-फुसुर कर रहे हो?"

"कुछ नहीं।"

"कुछ तो कह रहे थे।"

"हां, तो सुनो। मैं कह रहा था कि शायरे आजम निखट्टू बरेलवी अमेरिका के मुशायरे में न्यौते जाने वाले हैं।" इतना कहकर सूर्यप्रताप जबरदस्ती की एक हँसी खींच बैठा।

पर नीरज के चेहरे पर बेचारगी पसर आयी।

अविजित ने एयरपोर्ट तक छोड़ आने के लिए कहा तो नीरज बोला, "जरूरत क्या है?"

"ऐसे ही मन कर गया।"

एयरपोर्ट पर प्रवेश द्वार तक छोड़कर विदा लेते हुए अविजित ने नीरज का हाथ दबाकर कहा, "सुनाना मुश्किल हो तो कविता ईमेल भी की जा सकती है।"

उसकी बात पर किंचित् आश्चर्यचकित होने का भाव लाते हुए नीरज ने वापस उसका हाथ दबा दिया।

करीब पंद्रह दिन बाद अविजित के ईमेल पर नीरज का मेल अवतरित हुआ। खोलकर पढ़ने लगा तो अविजित को अहसास हुआ कि कविता भेजी गयी है।

*बाहर सड़क पर*
*गिर रही है बर्फ*
*अंदर संबंधों पर*
*जम रही है बर्फ*
*टनों के हिसाब से*
*जम रही है बर्फ*
*छह सालों से लगातार*
*जम रही है बर्फ*
*बर्फ, बर्फ, बर्फ*
*सब-कुछ...*

पढ़ते-पढ़ते अविजित सोचे जा रहा था कि इस कविता का सूत्र कहां है? कुछ अजीब-सी लग रही इस कविता में कौन-सी ऐसी बात छुपी है कि नीरज यहां दोस्तों को सुनाते-सुनाते अटक गया था?

पांच-छह मिनट बाद अविजित की स्मृति से एक तथ्य उछलकर आंखों के सामने कौंध-सा गया।

छह साल पहले ही तो नीरज ने अपनी कनाडियन सहकर्मी से शादी की थी!

# मेहमान

शादी में उनकी वे गये जरूर थे, पर एक तो वह हुई तीन साल पहले थी और ऊपर से दूर की रिश्तेदारी की ही थी। एकदम से कैसे याद आ जायेगा नीरजा को चौखटा दामाद लगने वाले उस आदमी का!

"ठीक है, तो मैं चलूं?" विजयशंकर ने जैसे चलते-चलते ही कहा।

"चल ही रहे हो! जो भी आयेगा, खातिर हो जायेगी।" विजयशंकर के लिए अदब से कार का दरवाजा खोलते हुए ड्राइवर के अभिवादन का भी नीरजा ने नोटिस नहीं लिया और इतना कहकर झटके से मुड़ गयी।

विजयशंकर ने भी तो मेहमान का खयाल रखने की बात कुछ ज्यादा ही गंभीरता से कहने की गलती कर दी थी। यहां तो मेहमान के नाम पर वे ही खूसट से चेहरे बार-बार भुगतने की आदत डाल ली है नीरजा ने, पति के दफ्तरी दायरे के खूसट जो शायद सांस भी तयशुदा अंदाज में लेने का प्रशिक्षण लिये हुए हैं।

देखते हैं ये मेहमान क्या चीज हैं!

अरे, हां! पायोनिमा को तो बता दिया जाये।

"पायोनिमा ऽऽऽऽऽऽऽऽऽ"

नीरजा की हांक के जवाब में पायोनिमा लगभग दौड़ती हुई आयी।

नीरजा ने उसके परेशान से लगते चेहरे पर नजरें फिराते हुए कहा, "ओह्! शायद मैंने कुछ ज्यादा ही जोर से आवाज लगा दी। नहीं, कोई इमरजेंसी नहीं है। बस, यह बताने के लिए बुलाया था कि एक मेहमान आने वाले हैं जो रिश्ते में साहब की बहन लगने वाली एक मैडम के दामाद हैं और...और, उनका जरा खयाल रखना है, मतलब खाने में जो भी चाहें बना..."

मालकिन की प्रवचननुमा हिदायत को पायोनिमा पूरे धैर्य से सुनती रही, सिर बीच-बीच में हिलाती भी रही।

फिर वह अपने काम निपटाने चली गयी और नीरजा ने लॉन का एक चक्कर लगाने का निश्चय किया।

यह बागनुमा लॉन ही तीन वर्ष पूर्व इस मकान के आवंटन के समय नीरजा के लिए सबसे बड़ा आकर्षण बना था। तरह-तरह के पेड़ और उन पर बसेरा करते या आते-जाते तरह-तरह के पक्षी। पर आने के दो दिन भीतर ही वह समझ गयी

थी कि रखरखाव की सख्त जरूरत है इस लॉन को। अपने दफ्तर के काम को ही काम समझने वाले विजयशंकर के पीछे पड़-पड़कर नीरजा ने लॉन के लिए एक माली लगवाया। हर हफ्ते दो बार माली आता और नीरजा के तमाम तरह के निर्देशों में से व्यावहारिक लगते निर्देशों का पालन कर एक हजार रुपये महीना वसूल जाता। पर पांच महीने पहले इसी लॉन की वजह से माली के खाते में कुछ अतिरिक्त रुपये भी फुंक गये थे।

चक्कर लगाती हुई नीरजा बेल के पेड़ के पास से गुजरी तो बात याद कर उसको हँसी आ गयी। इसी पेड़ ने नीचे से गुजर रहे माली के कंधे पर बेल टपका दिया था और वह मरहम-पट्टी के बाद भी यह कोना फिर फलांगने की हिम्मत नहीं जुटा पा रहा था। तब एक मजेदार उपाय सूझा नीरजा को। पुराने से एक हेलमेट का जुगाड़ कर उसे स्टोर-रूम में रखवा दिया गया। माली को जब भी इस पेड़ के नीचे अपनी कलाकारी दिखाने की आवश्यकता पड़ती तो वह हेलमेट उसे तसल्ली देने के लिए उसकी खोपड़ी पर मौजूद रहता।

पेड़ के पास खड़ी मगन मुसकराती नीरजा के पास पहुंचकर पायोनिमा ने आहिस्ता से कहा:

"मैडम! गेस्ट आया है।"

छह फुटे नौजवान ने पूरा झुकते हुए नीरजा के पैर छुए और कहा:

"मामी जी! मैं, अनिल।"

उसके घोर संस्कारी आचरण से किंचित् आश्चर्यचकित नीरजा ने जल्दी-जल्दी कहा, "हां, हां। खुश रहिए। आइये, उधर सोफे पर आराम से बैठिए।"

"अरे, मामी जी! मैं तो आपसे छोटा हूं, आप मुझे नाम से पुकारें न।" अनिल अपनी बत्तीसी पूरी ही फाड़कर बोला।

"हां, हां! आप...मेरा मतलब, अनिल। लीजिए...चाय लीजिए।" तत्परता से चाय बनाकर ले आयी पायोनिमा ने नीरजा को सुसंस्कार के ताबड़तोड़ प्रदर्शन से उपजे अचंभे से फिलहाल उबार लिया।

"वाऽ ह, क्या चाय बनी है!" चुस्की लेते ही अनिल ने प्रशंसा की और ट्रे लेकर जाती हुई पायोनिमा की ओर मुंह घुमाकर कहा:

"बहुत-बहुत धन्यवाद!"

पायोनिमा ने मुसकराकर सिर झुकाया। इसके पहले दरवाजा खोलते समय वह अनिल की बाकायदा हाथ जोड़कर की गयी 'नमस्ते' का सुखद अनुभव ले चुकी थी।

बिस्कुट-मठरी खाते और चाय पीते हुए अनिल पता नहीं क्या-क्या बतियाता रहा और बीच-बीच में हुंकारी भरती हुई नीरजा मुदित भाव से सुनती रही। अनिल का अंदाज ऐसा लग रहा था जैसे वह नीरजा से पहले कभी बीच में ही बाधित

हो गया संवाद पूरा करने की उतावली में है और उधर नीरजा के हृदय में यह बात बार-बार घुमड़ी जा रही थी कि ऊपर वाले की फैक्टरी से निकले ऐसे रोचक इनसान अपवाद स्वरूप ही क्यों दिखते-मिलते हैं।

"ओह, मामी जी! मैं तो भूल ही गया था आपको दिखाना। ये ऽऽ देखिए।" पैंट की पिछली जेब से पर्स निकालकर अनिल ने उसमें से एक छोटी-सी फोटो खोजी और नीरजा की आंखों के सामने लहरा दी।

"चित्रा को तो आपने शादी में देखा ही होगा, पर अपनी छुटकी को जरा देखिये। कैसी गोलमटोल है, है न? अब तो उसका दांत भी निकल आया है। छुटकी के मुंह से झांकता हुआ छुटका-सा दांत, हाऽहाऽहाऽ..."

उसकी हँसी पर नीरजा की भी हँसी निकल आयी। अपनी बच्ची की बातें बता-बताकर हँसता हुआ वह भी एक हँसमुख बच्चा ही नजर आ रहा था, अपने प्रिय खिलौने के बारे में उत्साह से बात करता हुआ बच्चा।

अचानक सामने दीवार पर टंगी घड़ी पर अनिल की नजर क्या पड़ी, वह झटके से उठकर खड़ा हो गया।

"मामी जी, मैं फटाफट नहाकर तैयार हो जाता हूं। इंटरव्यू के लिए टाइम से ही पहुंचना होगा।" और आनन-फानन में अपनी अटैची से कपड़े वगैरह निकाल कर वह बाथरूम की ओर भाग लिया।

अनिल का आना एक इंटरव्यू के सिलसिले में हुआ था। अभी वह जिस नौकरी में है उसमें तनख्वाह वगैरह ठीक है, पर दौरे बहुत लगाने पड़ते हैं। बाप बनने के बाद से वह एक ऐसी नौकरी की तलाश में है जहां भले तनख्वाह कुछ हजार रुपये कम मिले, पर दौरों से निजात मिले। मार्केटिंग एक्जक्यूटिव के रूप में काम करना पहले पैसा तथा थ्रिल की वजह से लुभावना लगता है, पर बाद में पारिवारिक जीवन चौपट करने लगता है...नाश्ता करते-करते वह अपनी सारी राम कहानी बता गया।

"बस्स्! अब लंच की कोई जरूरत नहीं। ये जोरदार परांठे इंटरव्यू को झेलने लायक कैलोरी से लैस कर दिये मुझको।"

और सफलता के लिए नीरजा के पैर छूकर आशीर्वाद लेते हुए अनिल निकल गया। तुरंत ही नीरजा को खयाल आया कि ऑटोरिक्शा-टैक्सी के बारे में एक बार फिर उसे ढंग से बता दे, पर फिर पीछे से आवाज देना ठीक नहीं समझा।

अब नीरजा अपनी दिनचर्या के थोड़े लंबित हो गये काम निपटाने में लग गयी। दो दशक पूर्व हुई शादी के बाद पहले दो-तीन साल श्रीमती विजयशंकर के चोले में गुजरे। अर्धसामंती परिवेश वाले काडर में अफसर होने का जलवा भरपूर था और उसकी छाया से अर्धांगिनी के रूप में जाने-अनजाने अपनी दिनचर्या निर्धारित करते चले जाना अस्वाभाविक नहीं था। फिर राजधानी में सचिवालय में

विजयशंकर क्या आये उनका तो दायरा बढ़ गया, नीरजा का दायरा छोटा हो गया। अपनी-अपनी व्यस्त दिनचर्या में चकरघिन्नी की तरह घूमते हुए लोग, क्या अफसर क्या चपरासी। बच्चों को सुबह तैयार कर स्कूल भेजना ही कितना बड़ा काम लगता है बड़े शहरों में, उनकी ही छोटी-बड़ी जरूरतों को पूरा करने में व्यस्त रहते हैं माँ-बाप।

उन्हीं दिनों परिवार में एक बच्चे की जरूरत नीरजा को इस कदर महसूस हुई कि हर संभव दिन, हर संभव रात निर्बाध छोड़ दिया उसने क्षेत्र को बीज के शुभागमन के लिए, फलदायक शुभागमन। शास्त्रों में विवाह के एकमात्र निर्धारित उद्‌देश्य के प्रति वह खुद भी सचेत हुई, पति को भी बारंबार सचेत किया। दिल और दिमाग से लेकर उनके हर आवश्यक अंग-उपांग के इस उद्‌देश्य की पूर्ति की और दो साल सक्रिय रहने के बावजूद हाथ कुछ नहीं लगा। फिर डॉक्टरों के चक्कर लगे, एक डॉक्टर से दूसरा डॉक्टर, एक टेस्ट से दूसरा टेस्ट, एक राय से दूसरी राय...

तमाम डॉक्टरों और भारी-भरकम जुमलों से आच्छादित उनकी चिकित्सकीय सलाहों से अंततः निष्कर्ष एक ही निकला...नीरजा के मामले में बीज को ग्रहण कर नैसर्गिक रूप से पल्लवित करने लायक क्षमता क्षेत्र में है ही नहीं।

विजयशंकर ने क्षणिक असहजता के बाद इस कटु सत्य को दार्शनिक को शोभा देने वाली तटस्थता के साथ लिया, या कम-से-कम नीरजा को ऐसा आभास दिया। पर भारतीय परंपरा में विवाहित स्त्री के लिए कल्पित सबसे बड़े अभिशाप को तटस्थ रूप से लेने लायक दार्शनिकता न नीरजा के पास थी, न ही उसे वांछित थी। वह तो भावनात्मक रूप से स्तब्ध हो जाने और सुन्न हो जाने के बीच झूलती हुई इसी बात पर दिन-प्रतिदिन सोचती रही कि मातृत्व को गंभीरता से उसने ज्यों ही लिया, त्यों ही उसका बांझपन भी गंभीरता से उजागर हो गया।

साल-दर-साल बीतते रहे। फिर एक ऐसा मुकाम आया जब नीरजा ने सोचा कि बहुत हो गया इसी एक बात पर सोचना, इसी एक कमी के चलते अपनी जिंदगी को जिंदगी न समझना...

और उसी वक्त से नीरजा ने अपने-आपको बदलना शुरू किया, अपनी सोच बदली, दिनचर्या बदली। वह अपने छोटे-से दायरे में ही जिंदगी के बड़े और असली मायने तलाश करने में लग गयी।

पर अपनी बच्ची की फोटो दिखाकर अपने सार्थक और सुखद पितृत्व पर बच्चों की तरह मुदित होता यह मेहमान आज वह सारा-का-सारा किस्सा एक झटके में याद दिला गया।

"गेस्ट के वास्ते लंच में कोई स्पेशल चीज बनाना है, मैडम?"

पायोनिमा के इस प्रश्न ने नीरजा को यादों की सुरंग से एक झटके में बाहर

खींच लिया।

"नहीं...उनको लंच नहीं खाना है। डिनर खायेंगे। मेथी तैयार कर दो, मेथी-आलू मैं खुद बनाऊंगी..."

घुटनों पर हाथ देते हुए वह धीरे से उठी। चाहे जो हो, मुखौटे लगाकर नकली भाव-भंगिमाएं दिखाते लोगों से आच्छादित इस शहर में कोई तो दिखा इतने सालों बाद, खुलकर अपनी हँसी अपने तरीके से हँसता हुआ। अच्छा लगेगा ऐसे इनसान को अपने हाथ से अपना प्रिय व्यंजन बनाकर खिलाना, शायद उसे पसंद आये।

शाम घिर रही थी। लॉन में बैठी हुई नीरजा अपने प्रिय पेड़ों को यदा-कदा निहार लेती थी और बीच में किसी चिड़िया का चहचहाना सुनती थी तो अंदाज लगाने लगती थी कि वह किस पेड़ पर बैठी हुई है। ये पेड़-पौधे, ये चिड़ियाएं, ये तितलियां, यहां तक कि रंगबिरंगे कीट-पतंगे भी उसकी दिनचर्या के सबसे सुखद क्षणों में भागीदारी करते थे। सुबह से शाम तक इनकी कोई-न-कोई गतिविधि नीरजा का कोई-न-कोई क्षण इस कदर आनंद से लहलहा देती थी कि बाकी क्षणों में घुसा बैठा अवसाद सिर पर पैर रखकर भाग निकलता था।

पीले पंखों वाली एक तितली को गोधूलि वेला में एक पौधे के आसपास सुबह जैसे उत्साह से लहराते देखकर नीरजा को आश्चर्य हुआ। किस चीज की खोज में लगी है यह तितली इस वक्त? क्या अंधेरा हो जाने पर अपना ठिकाना चुनने की जल्दी में है? अक्सर इस तरह के दृश्यों को देखकर नीरजा के मन में इस तरह के प्रश्न उठते और वह पूरे मनोयोग से उन प्रश्नों के उत्तर तक पहुंचने में लगी रहती।

अचानक ही तितली ने अपने पंखों से तिरछी उड़ान भरी और उसका पीछा करती हुई नीरजा की नजरें मुंह किंचित् लटकाकर आ रहे अनिल से टकरा गयीं।

पास उसके पहुंचते ही नीरजा ने बगल की कुर्सी पर बैठ जाने का इशारा करते हुए उससे पूछा, "परेशान क्यों लग रहे हो?"

"क्या कहूं, मामी जी! ये तो पूरी मायानगरी है। इतने सारे उम्मीदवार एक अदद पोस्ट के लिए और लगभग हर कोई मोटे-मोटे बायोडॉटा वाला। अपना तो कोई चांस ही नहीं लगता।"

"पर इंटरव्यू कैसा गया?"

"ठीक ही था। जवाब तो मैंने सही ही दिये, पर वे सारे-के-सारे ऐसा मुंह तान कर बैठे थे कि पता ही नहीं चल पाया..."

"चलो, छोड़ो इस बात को। गरमागरम पकौड़ियां खाओ, चाय पियो और भूख ज्यादा लगी हो तो कुछ और भी बनवा देती हूं।"

पायोनिमा 'कुछ और' पर उसका जवाब सुनने ठिठकी रही। पर अनिल ने प्याज की दो पकौड़ियां एक साथ मुंह में डाल लीं, फिर उन्हें थोड़ा चबाकर चाय

की एक लंबी घूंट के साथ उदर में पठाते हुए तृप्त भाव से बोला, "कुछ और की दरकार नहीं, मामी जी। क्या गजब तनावतोड़ पकौड़ियां हैं!"

पायोनिमा तो मुसकराते हुए चल दी, पर नीरजा ने थोड़ा चौंक कर दोहराया, "तनावतोड़...पकौड़ियां।" और कहा, "तो नये-नये शब्द बनाने का भी शौक रखते हो?"

अनिल ने आधी पकौड़ी रखे मुंह पर हाथ रखकर खांसी में बदल गयी हँसी नियंत्रित करते हुए कहा, "तनावतोड़ शब्द तो ऐसे ही हँसी-हँसी में बन गया था। मैं कितना भी हैरान-परेशान या थका-मांदा घर पहुंचूं और छुटकी ज्यों ही हँसे, सारा तनाव, सारी थकान हवा हो जाये। एक दिन मैंने चित्रा से कहा कि छुटकी की हँसी तो तनावतोड़ हँसी है...।" और छुटकी की बात शुरू क्या हुई, अनिल के चेहरे पर ऐसी ताजगी छा गयी, मानो अभी-अभी नहाकर निकला हो।

नीरजा के मन में यह खयाल आये बिना नहीं रहा कि बच्चों का होना जिंदगी के मायने ही बदल देता है, जीने के लिए एक मकसद मुहैया कर देता है।

तभी पायोनिमा वापस आ पहुंची और नीरजा की ओर थोड़ा झुकते हुए आहिस्ता से बोली, "मैडम, वो आपको बनाना..."

"हां! हां! चलो आती हूं।" उससे इतना कहकर नीरजा ने अनिल से कहा, "मैं जरा किचेन में जा रही हूं। तुम चाहो तो टेलीविजन देखो।" किंचित् अनिच्छा से लॉन से उठते हुए अनिल नीरजा के साथ-साथ ड्राइंगरूम की तरफ आया और टेलिविजन के सामने बैठते-बैठते पूछ बैठा :

"मामा जी को दफ्तर में देर लग जाती है क्या?"

"हांऽऽ। देर से ही आया करते हैं।" इतना कहकर वह चौके की ओर चली गयी।

टेलीविजन पर चैनल बदलते-बदलते देखने लायक कुछ भी ढंग का न पाकर अनिल कुर्सी पर ही ऊंघने का मन बना रहा था कि नीरजा चौके से वापस आ गयी। उसे देखते ही अनिल बोला, "मैं तो मामा जी को अपने इंटरव्यू का हाल बताकर उनकी राय भी लेना चाहता था पर वो तो अभी..."

तभी बाहर कार रुकने की आवाज हुई और नीरजा बोल पड़ी, "आ गये।"

घुसते ही विजयशंकर ने अनिल से पूछा :

"हो गया काम?"

"काम का तो पता नहीं, मामा जी। बस, इंटरव्यू हो गया।" इतना कहकर अनिल राय जानने की भूमिका के रूप में इंटरव्यू का बखान करने की मनःस्थिति में आ ही रहा था कि विजयशंकर ने अंदर के कमरे की ओर रुख कर लिया। नीरजा ने उसकी मनःस्थिति ताड़ ली और धीरे से कहा, "डिनर के वक्त बात कर लेना।"

"हां, हां।" उसकी बात पर खुश होकर अनिल ने सिर सहमति में हिलाते हुए कहा।

वैसे भी विजयशंकर खाते हुए न के बराबर बोलते थे। अनिल के इंटरव्यू पुराण पर भी वे कुछ देर स्वभावतः उसी मुद्रा में बने रहे तो अनिल ने लंबा-सा मुंह बनाकर नीरजा से कहा :

"इंटरव्यू के लिए निकलने के बाद से एक ही बात मेरे साथ ढंग की हुई है।"

"क्या?" नीरजा ने एक नजर पति की ओर डालते हुए कहा।

"इतनी बढ़िया मेथी बनवाकर खिलायी आपने।"

नीरजा ने हलके से मुसकराते हुए कहा :

"मैंने खुद बनायी है।"

"अच्छा!" अनिल ने ऐसे मुंह बना दिया जैसे नीरजा ने कोई अजूबा कर दिखाया हो। फिर वह कुछ और कहने के लिए उद्यत हुआ ही था कि नीरजा बोली, "अब इस मेथी के लिए कोई शब्द ईजाद कर रहे हो क्या?"

"नहीं..." अनिल ने हँसते हुए कहा।

इस वार्त्तालाप पर विजयशंकर का भी ध्यान आकृष्ट हुआ और उन्होंने पत्नी से पूछा:

"क्या लतीफा चल रहा है?"

"कुछ नहीं। इंटरव्यू के बाद अनिल थोड़ा निराश लग रहे थे। मूड ठीक कर रहे हैं।" इतना कहकर नीरजा ने अनिल के चेहरे पर एक नजर डालकर पति से कहा, "इनकी बात बीच में ही रह गयी। थोड़ा इनसे इंटरव्यू का हाल सुन लें।"

"हां...हां।" विजयशंकर बोले।

अनिल ने जल्दी-जल्दी सारा किस्सा फिर बयान कर दिया और आतुरता से पूछा, "आपको क्या लगता है, मामा जी? कुछ उम्मीद लग रही है मेरे लिए?"

विजयशंकर कुछ देर चुप रहे, फिर 'ख्खूंऽऽ' की आवाज दो बार निकाली और एक ऐसा विश्लेषण पेश किया जिसका सिर-पैर न समझ पाने का भाव अनिल के चेहरे पर गहरा गया। पर वह शायद लिहाज में कुछ बोला नहीं।

सारे लोग खाना समाप्त कर चुके थे। नीरजा ने अनिल के चेहर पर एक नजर डाली और उससे कहा, "अब जाओ सोने और इंटरव्यू को भूल जाओ। एक ही बात पर कब तक सोचते रहोगे।"

"ठीक कहती हैं, मामी जी।" अनिल ने एक जम्हाई ली।

ओस से भीगी हुई घास पर नीरजा नंगे पैर चक्कर लगा रही थी। इस बेला में

उसका एक-एक पल निर्धारित कार्य के लिए नपा रहता था। बीस चक्कर लगाना है और फिर तुरंत मेहमानों के स्वागत में चुगने का सामान सजा देना है। इन मेहमानों के पास घड़ी नहीं है और न ही वे घड़ी का महत्त्व समझते हैं, पर उनके बदन के भीतर फिट जैविक घड़ी का सिगनल मिलते ही वे उतरने लगते हैं, अपने-अपने समय पर इस लॉन में एक तय स्थान पर रखे हुए अपने-अपने चुग्गे के पास।

यह काम नीरजा खुद करती थी और इसमें न किसी की मदद लेती थी, और न ही किसी का दखल पसंद करती थी। गृहकार्य में वर्षों से उसकी छाया बनी हुई पायोनिमा ने शुरू-शुरू में साथ लगना चाहा था, पर नीरजा ने दृढ़ता से मना कर दिया था। नीरजा का मानना था कि अपने इन मेहमानों का अलग-अलग मिजाज सिर्फ वही समझ सकती है, सिर्फ वही उनसे उनकी तरंगदैर्ध्य पर जाकर संवाद कर सकती है और सिर्फ उसको ही ये तमीज है कि इन मेहमानों का बिला नागा हर रोज आना-चुगना कितनी बड़ी नियामत है।

हमेशा की तरह काला कौआ सबसे पहले आया, उतरते ही अपने चुग्गे के कटोरे पर झपटता-सा हुआ।

"धीरज रख, गुंडे..." यह कहते हुए नीरजा ने उसका स्वागत किया। दो-चार चोंच मारकर उसने सामने देखने का उपक्रम किया, जैसे खाद्य-सामग्री को तसल्लीबख्श पाने का संकेत दे रहा हो। नीरजा हलके से मुसकरा दी, जैसे उसके संकेत को समझ लेने का प्रतिसंकेत दे रही हो।

दो-तीन मिनट बाद दो हरियर तोते एक साथ फड़फड़ करते हुए आये, जैसे चुगने की प्रतियोगिता में डबल्स मैच खेलने उतरे हों। तत्काल काले कौए की मुंडी उधर मुड़ी।

"कोई गड़बड़ नहीं...वे अपना चुग्गा खायेंगे, तू अपना खा।" कहते हुए नीरजा ने कौए को चेताया।

थोड़ी देर तक कौआ और तोते चुपचाप चुगते रहे। फिर एक धोबिन चिड़िया पंख ऐसे फुलायी हुई आयी, जैसे बारिश में भीगने के बाद उन्हें सुखाने की कोशिश कर रही हो।

"तू अपने कोने में बनी रह, मुटल्ली..."

नीरजा ने उसे आगाह-सा किया तो वह वाकई कौए और तोतों से दूर ही रही।

इस समय नीरजा मनसा-वाचा-कर्मणा जैसे किसी चिड़िया-टापू पर अवस्थित थी, इनसानों की संक्रामक बेहूदगियों-बदतमीजियों की पहुंच से दूर।

तभी सामने एक मैना प्रकट हुई, दायें-बायें देखे बिना सीधे अपने चुग्गे के कटोरे की ओर बढ़ती हुई। उसे देखते ही नीरजा का चेहरा कुछ ज्यादा ही खिल गया और वह बोल पड़ी:

"आओऽऽ। आओ, हीरोइन। तुम्हारी ही कमी खल रही थी।"

फुदकने के लहजे में चलती हुई मैना की मुंडी इतनी मोहक लय में हिलती जा रही थी कि मुदित भाव से उसे निहारते-निहारते नीरजा भी उसी अंदाज में अपनी मुंडी हिलाने लगी।

दोनों तोते दो दिशाओं से धीरे-धीरे मैना की ओर खिसकने लगे। ज्योंही यह नीरजा की नजरों के दायरे में आया, वह तेजी से बोली:

"खबरदार, मुस्टंडो! चार दाने पेट में गये नहीं कि आशिकी सूझने लगी। जाओ, वापस अपने कटोरे के पास जाओ..."

तभी एक ठहाके से बुरी तरह चौंककर नीरजा का सिर पीछे घूमा।

"वाऽह, मामी जी। आप तो चिड़ियों से बातें कर रही हैं। हाऽहाऽ।"

अनिल पता नहीं कब पीछे आकर खड़ा हो गया था।

गुस्से की सुरसुरी नीरजा के पूरे शरीर में रेंग गयी। बेसाख्ता उसके मुंह से निकल गया:

"तो किससे बात करूं? तुमसे? तुम तो एक दिन के मेहमान हो, ये तो..."

और तभी पीछे कुछ आहट हुई तो नीरजा का सिर वापस चिड़ियों की तरफ घूम गया। कौआ तो उड़ गया था पर दोनों तोते मैना के बिलकुल पास पहुंचकर उसे चोंच मारते जैसे लग रहे थे।

"मत करो परेशान उसे...अभी सारी आशिकमिजाजी निकाल दूँगी। पेट भर गया हो तो भागो यहां से..."

तोते वाकई जैसे डरकर थोड़ा पीछे हटते हुए से लगे।

चिड़ियों के चुगने-चुगाने का कार्यक्रम संपन्न होते ही नीरजा को अनिल का खयाल आया। वह वापस कमरे की ओर आयी और वहां उसे न पाकर चौके की तरफ गयी और चाय बनाने की तैयारी कर रही पायोनिमा से पूछा, "क्या मेहमान के लिए चाय बना रही हो?"

"हां!"

"पर वो है कहां?"

"आपकी तरफ ही तो गये थे। फिर मुझसे आकर कहा कि एक कप चाय मिल सकती है क्या।"

"अच्छा, तुम हटो। मैं चाय बनाती हूं।"

चाय बनाकर नीरजा ने दो कप तैयार किये और अनिल को खोजते हुए गेट के पास पहुंची जहां वह आराम से पीठ खंभे से टिकाये हुए खड़े-खड़े अखबार पढ़ रहा था।

"गुड मार्निंग!" मुसकराते हुए नीरजा ने उससे इतना कहा तो अनिल का किंचित् संशयग्रस्त लग रहा चेहरा एकदम से खिल गया।

"शायद मुझसे नाराज हो, हो न?"

"नहीं..." अनिल शरमा-सा गया।

"पर मैंने तुम्हें नाराज करने वाला ही काम किया था। कितनी कड़ाई से बोल बैठी थी तुमसे! क्या करूं? मेरा वह समय सिर्फ और सिर्फ मेरे उन रोज के मेहमानों के लिए होता है। तुम्हें मालूम होगा ही नहीं, पर उस समय मैं किसी भी तरह का..."

नीरजा बोलती चली गयी।

अपना कप लगभग पूरा खाली करके नीरजा के कप को वैसे का वैसा देखते ही अनिल ने टोका:

"मामी जी, आपकी चाय।"

"हां..." एक ही चुस्की में आधा कप खाली कर नीरजा वापस अपनी बात आगे कहती गयी।

अंत में एक लंबी सांस छोड़ते हुए वह बोली, "मेरा सबसे अच्छा समय, सबसे सार्थक समय वही होता है। और इस बात को कोई दूसरा व्यक्ति समझ ही नहीं सकता।"

विजयशंकर सुबह जिमनैजियम के लिए निकल जाते थे और वहां अपनी तोंद को गायब करने के उद्देश्य से की गयी पसीना बहाऊ कवायद के बाद लौटकर नहाते थे।

नीरजा ने अनिल के तैयार होने के बाद नाश्ता लगवा दिया और उससे कहा, "तुम नाश्ता कर लो, मामा जी का इंतजार मत करो। तुम्हें आज वापस भी जाना है।"

अनिल नाश्ते के लिए बैठते हुए बोला, "मामा जी बहुत व्यस्त अफसर लगते हैं।"

नीरजा के चेहरे पर व्यंग्य का भाव झलक कर तुरंत गायब हो गया।

उसके नाश्ता खत्म करने के बाद नीरजा ने कहा, "जरा अपनी अटैची खोलना।"

और उसकी अटैची में एक गुलाबी पैकेट रखवाते हुए नीरजा ने कहा, "यह छुटकी के लिए है। जिस नानी को उसने देखा नहीं उनके आशीर्वाद के रूप में।"

विजयशंकर दफ्तर के लिए निकल चुके थे। अनिल अखबार का बाकी बचा हिस्सा पढ़े जा रहा था और बीच-बीच में घड़ी पर भी नजर फिरा लेता था।

नीरजा नहाकर आयी और आते ही अनिल से पूछा, "अभी समय हुआ तो नहीं तुम्हारा?"

"बस, दस मिनट मे निकलूंगा। दिल्ली के ट्रैफिक का कुछ पता नहीं न।"

मेहमान को विदा करने पायोनिमा भी आयी। चलते-चलते अनिल ने उसे नमस्कार किया और कहा, "आपकी बनायी चाय याद रहेगी।"

पायोनिमा के चेहरे पर अपनी सामाजिक स्थिति से कहीं ज्यादा सम्मान मिलने से अभिभूत होने का भाव झलक गया।

इस बार अनिल ने नीरजा के पैर छूकर कहा, "एक ही दिन में बहुत-कुछ सीखा आपसे, मामी जी।"

नीरजा मुसकरा दी। फिर कहा, "शायद तुम्हें इसका अहसास न हो पर मैंने भी तुमसे बहुत-कुछ सीखा।"

अनिल के चेहरे पर थोड़ा आश्चर्य झलक आया।

"और जाते हुए इस बात का वायदा करो कि अपने लिए जो भी ढंग की पोस्ट इधर निकलेगी, उसका इंटरव्यू देने आओगे और साथ में चित्रा और छुटकी को भी लाओगे।"

"जरूर...मामी जी।"

जाते हुए अनिल को नीरजा तब तक देखती रही जब तक वह दृष्टि के दायरे से बिलकुल बाहर ही न निकल गया।

# काम

दरवाजे तक पहुंचकर लल्लू ठिठका। तभी सिर झुकाये-झुकाये कुछ गुनगुनाता आ रहा एक नौकरनुमा छोकरा दरवाजे से बाहर निकला और बिना उसकी ओर नजर डाले पीछे हाथ फेंकते हुए बोला, "जाइए, जाइए। महफिल लगी हुई है।" कुछ क्षणों तक किंकर्त्तव्यविमूढ़-सा खड़ा रहने के पश्चात् लल्लू ने दरवाजे का पल्ला हलके से खोलने की कोशिश की।

दरवाजा खुलकर झटके से वापस बंद हो जाता था। जब तक यह प्रक्रिया लल्लू को समझ में आयी, वह दूसरी ओर पहुंच चुका था।

सामने आठ-दस लोग गोल घेरा बनाकर बैठे हुए नजर आये। आंखें और ठीक से स्थिर हुईं तो लल्लू को बीच की बड़ी-सी गोल मेज पर रखी बड़ी-सी बोतल भी लोगों की संख्या के बराबर गिलासों से घिरी हुई नजर आ गयी। तरह-तरह के स्पष्ट-अस्पष्ट शब्दों से कमरा गूंज रहा था और बैठे हुए लोगों की श्रवणेंद्रियों में जैसे उसके अंदर घुसने की आहट दर्ज ही न हुई। बेवकूफों की तरह वह खड़ा-खड़ा ही चारों ओर नजरें दौड़ाता रहा, पर वहां बैठे लोगों की नजर उसकी ओर घूमी ही नहीं।

कुछ बेहद असहज मिनटों के बाद उसके मन में आया कि कहीं वह कुमार साहब के बताये पते के बजाय कहीं और तो नहीं पहुंच गया है। यह विचार आते ही वह और असहज होने लगा।

अब उसके नथुने शराब की गंध से त्रस्त भी होने लगे थे।

उन लोगों में से काया तथा भंगिमा से सर्वप्रमुख लग रहे व्यक्ति के मुंह से जोर से, "कहां मर गया..." उच्चारित हुआ नहीं कि लल्लू के सामने अंदर से बाहर निकला वह नौकरनुमा छोकरा वापस अंदर घुसा और उससे लगभग टकरा ही गया।

अब सारे लोगों की नजरें एक साथ लल्लू पर केंद्रित हो गयीं।

घबराकर लल्लू के मुंह से निकला, "मैं आया हूं..."

"आइए, आइए" कहते हुए कुछ लोग उससे मुखातिब हुए। तब भी उसे अपनी जगह से न हिलता देखकर एक खल्वाट व्यक्ति हाथ से अपने दाहिने खाली पड़ी जगह दिखाते हुए बोल पड़ा, "आइए, इधर बैठिए।"

अपनी दु:खने लगी टांगों को समेटकर लल्लू तुरंत वहां बैठ गया। उसके बैठते ही छोकरे ने एक गिलास उसके सामने रख दिया। लल्लू ने पहले गिलास और फिर नौकर को घूरा और झटके से बोला :

"मैं...नहीं। मैं नहीं पीता।"

उसके इतना कहते ही "कहां मर गया..." उच्चारित कर छोकरे को बुलाने वाले व्यक्ति को संबोधित कर दाहिने हाथ की चारों उंगुलियों में अंगूठी डाले एक व्यक्ति ने हाथ नचाते हुए कहा :

"ये तो समस्या पैदा हो गयी, दीवान साहब!"

"ओह्, यही दीवान साहब हैं!" लल्लू डर गया कि इन्हीं से मिलने आया था और कहीं इनको नाराज कर वह बताने से पहले ही अपना काम न बिगाड़ बैठे।

"मैं आपसे ही मिलने आया था, साहब! माफी चाहता हूं, मैं नहीं पीता। मैंने जिंदगी में कभी शराब को हाथ..."

दीवान साहब की त्यौरियां चढ़ गयीं, जैसे अच्छे-खासे पेग में मक्खी टपक पड़ने से उपजे क्रोध की लहर अंदर उठ रही हो।

बैठे हुए बाकी सुराप्रेमी मेजबान की दिलदार मेहमाननवाजी में पड़े इस खलल से आशंकित-अचंभित से हुए आंखों-आंखों में एक-दूसरे से मशविरा करने लगे।

कुछ असहज क्षणों तक चुप्पी बनी रही तो उनमें से एक विनोद के लहजे में बोल पड़ा :

अर्ज किया है :

*गिलास छोड़कर आंखों से पीने लगे बेहोश क्या...*

हाथ से इशारा कर कवि कुतुकानंद को रोकते हुए दीवान साहब ने छोकरे की दिशा में देखा।

खाली-अधखाली गिलासों को एक राउंड भर चुकने के बाद वह लल्लू के ठीक बगल में अगले आदेश की प्रतीक्षा में कमर अकड़ाये खड़ा था।

"यहां कोई भी बिना पिये नहीं बैठ सकता। ये शायद पहली बार आये हैं यहां। इनके गिलास में कोई शरबत ही बनाकर भर दो।"

मालिक का स्पष्ट आदेश मिलते ही छोकरा कमरे से और अंदर जाने वाले दूसरे दरवाजे की ओर बढ़ लिया।

जैसे इस अल्पकालिक व्यवधान को पीने-पिलाने के दीर्घकालिक आनंद का परे फेंका जा चुका बेजायका हिस्सा समझते हुए सुराप्रेमी लोग वापस सुरूर में आने लगे। शब्द पर शब्द, वाक्य पर वाक्य उछलने लगे। जुमले को जुमला काटने लगा, ठहाके से ठहाका ताल मिलाने लगा।

लल्लू ने लगभग कट ही चुके पट्टे में बमुश्किल फंसी हुई अपनी पुरानी घड़ी में नये सिरे से समय देखा और चिंतित हुआ।

वहां बैठे बाकी लोग उसका अस्तित्व ही भुलाये बैठे उस तरल पदार्थ के घूंट ले रहे थे जो सब-कुछ भुलाने में मददगार मशहूर है।

उधर लल्लू न भूलने के लिए कटिबद्ध था कि उम्मीदों की राख से करियाये पड़े कलेजे में केशव चाचा के सुझाव से कौंधी आखिरी इस उम्मीद के केंद्र यही दीवान साहब हैं।

इस घर में शराब के अलावा कोई पेय पदार्थ ढूंढ़ पाना लगभग असंभव-सा काम था। बेमतलब का काम करने की चिढ़ से खदड़-बदड़ करते हुए छोकरे ने आखिरकार एक अधसड़े नींबू का बेहतर हिस्सा काट कर उसे बेदर्दी से निचोड़ा तथा चीनी-पानी झोंककर शरबत के सौतेले भाई के रूप में लल्लू के सामने प्रस्तुत कर दिया।

निरंतर सूखते जा रहे गले के बावजूद लल्लू ने चुस्की का बेहद संक्षिप्त संस्करण अंजाम देते हुए जीभ से शर्बत को छुआ। नींबू जैसा ही कोई स्वाद पाकर वह आश्वस्त हुआ।

"सुड़!"

शब्द पर शब्द, वाक्य पर वाक्य उछल रहे थे।

"सुड़! सुड़!"

शब्द पर शब्द, वाक्य पर वाक्य, जुमले पर जुमला...

"सुड़! सुड़! सुड़!"

शब्द पर शब्द, वाक्य पर वाक्य, जुमले पर जुमला, ठहाके पर ठहाका...

"सूऽऽऽड़!"

अफना कर लल्लू ने खाली गिलास नीचे रखा और निकट बैठे खल्वाट का ध्यान आकर्षित करने की कोशिश करते हुए बोल पड़ा, "सुनिए!"

उसकी फुसफुसाहट जब उन्होंने सुनी ही नहीं तो लल्लू ने और जोर लगाकर कहा, "सुनिएऽऽऽ जरा।"

ज्यादा ही जोर से कही गयी बात सारे सुराप्रेमियों की श्रवणेंद्रियों पर 'ठक्' से जाकर बज गयी।

दीवान साहब की नजरें लल्लू के चेहरे पर गड़ गयीं। फिर उन्होंने अपनी तर्जनी लल्लू के कपाल की दिशा में पिस्तौल की तरह तानते हुए पूछा :

"ये कौन?"

इसके पहले कि कोई और कुछ बोलता, लल्लू शताब्दी एक्सप्रेस की रफ्तार से बोलता गया :

"मैं, लल्लू...यानी लालबहादुर सिंह। गांव खोरी, जिला मीठापुर का रहने वाला और जंगबहादुर सिंह का बेटा। स्नातक-प्रतिष्ठा पास कर चुका हूं, कंप्यूटर पर काम कर सकता हूं। घर का काम, बाहर का काम, मेज पर बैठकर करने वाला

काम, कोई भी काम करने में मुझे कोई..."

"बऽऽ स्स्!" दीवान साहब ने दोनों हाथ उठाकर उसे चुप रहने को कहा तो दाहिने हाथ में फंसी गिलास से कुछ बूंदें उछलीं और उनकी नाक पर टपक गयीं।

सारे सुराप्रेमियों ने बूंदों की बदमाशी को देख कर भी नहीं देखा, पर इस छोटे से हादसे के बाद दीवान साहब ने छोकरे को घूरकर देखते हुए लल्लू के गिलास की ओर तर्जनी तान दी।

नौकर की प्रत्युत्पन्नमति का नायाब नमूना पेश करते हुए छोकरा फिर अंदर की ओर भागा और अधसड़े नींबू का बाकी बचा बदतर हिस्सा सिंक में से उठाकर निचोड़ते हुए लल्लू के खाली गिलास की सेवा में शरबत का नाम डुबाने वाला पेय प्रस्तुत कर दिया।

लल्लू का गिलास भरा नहीं कि सुराप्रेमियों ने 'सामान्य' होते हुए चेहरों को एक-दूसरे की ओर घुमाया तथा मूक सहमति से वापस अपने-अपने गिलास पर ध्यान केंद्रित किया।

शब्द पर शब्द...

वाक्य पर वाक्य...

जुमले पर जुमला...

ठहाके पर ठहाका...

लल्लू की आंखें ये सब होने-हवाने के बीच अचंभित से विस्फारित होने की ओर बढ़ रही थीं और उसका कलेजा घड़ी की बढ़ती हुई सुई से ताल मिलाकर तेजी से मुंह की ओर आने के प्रयास में था।

"आखिरी बस छूट जायेगी। मेरी बात बस दो मिनट सुन लें, साहब! मैं कोई भी काम करने..." अधसड़े नींबू के बदतर हिस्से का सत्व एक सांस में अंदर करने के नतीजे में उपजी झोंक से लटपटाये उसके वाक्य सुराप्रेमियों की श्रवणेंद्रियों पर गोबर से सने थप्पड़ की तरह पड़े तो उनमें से कई के गिलास छलक-छलक गये।

फिर लाल-लाल आंखों को बमुश्किल लल्लू के हुलिये पर केंद्रित करते-करते दीवान साहब अपने ठीक दाहिने बैठे दढ़ियल की ओर मुड़े और उससे पूछ बैठे, "ये कैसे आये यहां?"

दढ़ियल के कुछ कहने से पूर्व ही लल्लू फिर शुरू हो गया, "साहब! गांव के रिश्ते के मेरे चाचा केशवानंद ने मुझे कुमार साहब के पास भेजा। कुमार साहब ने छह महीने तक मुझसे काम करवाया, पर मेरा काम बना नहीं। फिर केशव चाचा ने कुमार साहब से बात की किसी और के यहां काम दिलवा देने की। तब कुमार साहब ने छह महीने मुझे दौड़ाया। अब जाकर उन्होंने मुझे आपका पता देकर भेजा है। साहब कहीं का भी काम, कैसा भी काम, बस मुझे काम..."

इस बीच दीवान साहब से मिले मूक निर्देश के तहत दढ़ियल आहिस्ता से उठा, एक नजर अपने अब भी आधे भरे गिलास की ओर देखा और लल्लू के पास दुलकी चाल से आकर उसका कंधा थपथपाता हुआ बोला, "आइए, बाहर चलते हैं।"

दरवाजे से बाहर निकलने के पश्चात् दढ़ियल बिना कुछ बोले लल्लू के साथ सड़क तक चलता रहा। सड़क आते ही वह लल्लू के कंधे को फिर थपथपा कर बोला, "हूंऽऽऽ। क्या काम था आपको दीवान साहब से?"

"साहब, मैं पढ़ा-लिखा होकर बेकार घूम रहा हूं। घर का काम, बाहर का काम, मेज पर बैठकर करने वाला काम, बाहर दौड़-भाग कर होने वाला काम, मुझे कोई भी काम चाहिए।"

"हांऽऽहां। हांऽऽहां।" दढ़ियल ने मुंडी हिलाकर इतना कहा तो लल्लू ने अपनी घड़ी पर जोर से आंखें गड़ायीं और शताब्दी एक्सप्रेस की रफ्तार से फूट पड़ा :

"अब मेरी बस छूट जायेगी, साहब! बस मुझे काम चाहिए। कुमार साहब ने दीवान साहब की बड़ी तारीफ करते हुए इस पते पर मुझे भेजा था। मेरी आखिरी उम्मीद यहीं पर टिकी हुई है। घर का काम, बाहर का काम, कोई भी काम। केशव चाचा ने कहा था कि इस शहर में काम तुम्हें..."

"हांऽऽऽहां। हांऽऽऽ हां। कभी-न-कभी, कोई-न-कोई काम मिल ही जायेगा।" दढ़ियल ने लगभग गाने के अंदाज में इतना कहकर उसे ऐसे देखा जैसे वापस जाने की जल्दी में हो।

"तो साहब, मैं उम्मीद रखूं? फिर कब आऊं पूछने? मैंने बताया न आपको कि घर का काम, बाहर का काम..."

"हांऽऽऽ हां! हांऽऽऽ हां! कभी-न-कभी, कोई-न-कोई काम मिल ही जायेगा।" इतना कहकर दढ़ियल परेड के 'अबाउट टर्न' के अंदाज में वापस मुड़ गया।

बेतहाशा दौड़ते हुए लल्लू ने अंदाज लगाया कि बस अब स्टॉप के करीब पहुंचने ही वाली होगी।

बस-स्टॉप पर लल्लू पहुंच तो गया पर वहां से आखिरी बस निकल चुकी थी। वह वहीं 'धम्म् से बैठ कर अपने दोनों हाथों से सिर पकड़ कर बड़बड़ा उठा, "काम बिगड़ गया।"

# स्वयम्

चंद्रप्रकाश का दिन दफ्तर में कुछ ज्यादा ही थकाने वाला रहा था। अपने फ्लैट की ओर जाने वाली सीढ़ियां चढ़ते हुए उनकी इच्छा यही हो रही थी कि भुनी हुई मूंगफली के साथ एक कड़क चाय पीकर दिन-भर की संचित बेहूदगी को अपने दिलो-दिमाग से परे झटक दें। वैसे भी लौटने के अपने सामान्य समय से डेढ़ घंटा ऊपर हो चुका था।

कॉलबेल बजने पर बंद दरवाजे की दूसरी तरफ लपक कर आ रही विनीता ने प्रयास कर अपनी झुंझलाहट को जब्ब किया और एक दंतदर्शिनी मुसकराहट लंबी खींचते हुए दरवाजा खोला।

"यहीं बैठ जायें आराम से। मैं आपकी चप्पल ले आती हूं।" ठंडे पानी का गिलास मेज पर पहले से भरा रखा देखकर चंद्रप्रकाश एक सांस में उसे खाली कर गये। फिर 'धम्म्' से सोफे पर धंसते हुए उन्होंने जूते उतार दिये।

"चाय चढ़ा दी है।" उनके उतारे हुए जूते ले जाती हुई विनीता ने इतना कहा तो चंद्रप्रकाश बोले :

"मूंगफली..."

"साथ ला रही हूं।" कहते-कहते विनीता चौके की ओर चल दी।

हथेलियां सिर के पीछे जोड़कर चंद्रप्रकाश सोफे पर पैर पूरे आगे फैलाते हुए चाय का इंतजार करने लगे।

अंदर के कमरे से पहले पर्दा आधा हटाते हुए विवान का सिर झांकने की प्रक्रिया में बाहर निकला, फिर उसकी पूरी ही काया झटके से बाहर निकलती हुई चौके की ओर तेजी से बढ़ी। जाते हुए और हाथ में कुछ खाद्य-सामग्री लेकर लौटते हुए, दोनों ही बार विवान ने ऊंघ रहे पिता पर एक सतर्क नजर डाली।

ट्रे में चाय-मूंगफली लेकर विनीता आयी तो पति को जगाने के क्षणिक असमंजस के पश्चात् बोल ही पड़ी, "चाय ठंडी हो जायेगी!"

"अच्छाऽऽ अच्छाऽऽ" कहते हुए चंद्रप्रकाश ने झट से आंखें खोल दीं और हाथ सीधे मूंगफली की प्लेट की ओर बढ़ा दिया।

तृप्त भाव से चाय सुड़कते हुए पति की ओर एक गहरी नजर डालकर विनीता ने पूछा :

"आज दफ्तर में बहुत काम था क्या?"

"ये दफ्तर..."

पति के मुंह से निकल रही गाली को होंठों के पीछे धकेलने का संकेत करते हुए विनीता बोली, "दफ्तर की बोली दफ्तर में ही छोड़ आया करो।"

चंद्रप्रकाश हलके से मुसकरा दिये। फिर पता नहीं किस सोच में डूबे हुए से चुपचाप चाय पीते रहे। इस बीच विनीता उठी और दस मिनट बाद हाथ का काम निपटाकर लौट आयी। चाय-मूंगफली से संतुष्ट होकर चंद्रप्रकाश फिर झपकने लगे थे। विनीता यह देखकर अंदर के कमरे की ओर बढ़ी।

विवान के हाथ में स्क्रूड्रॉइवर था और उसका सिर मेज पर झुका हुआ था। पीछे आहट पाकर उसका सिर पीछे घूमा।

"हो गया कि..." इतना कहने पर चिढ़ का भाव बेटे के चेहरे पर चमकते ही विनीता ने इशारे से उसे निश्चिंत रहने को कहा। इस पर विवान धीरे से बोला, "कर दूंगा। थोड़ा टाइम तो लगेगा न।"

विनीता कमरे से बाहर निकल आयी।

कुछ ज्यादा ही देर तक सोफासेट पर ऊंघने के बाद चंद्रप्रकाश उठे तो चौंकने की मुद्रा में दायें-बायें देखकर झटके से अंदर वाले कमरे की ओर बढ़ लिये।

उनके आने की आहट ने विवान की तन्मयता में कोई सेंध नहीं लगायी, पर उनके मुंह से निकला विस्मयसूचक 'ये क्या किया?' जरूर उसे चौंका गया।

दुःख, आश्चर्य, पछतावा इत्यादि भावों का मिलाजुला रंग क्षणिक रूप से विवान के चेहरे पर झलका। फिर उसने किंचित् दृढ़ता से कहा, "किया नहीं, मेजपोश खींचने से गिर गया। अब ठीक कर रहा हूं।"

पिता के चेहरे पर अब गहराते जा रहे अवसाद पर जैसे तसल्ली का मलहम लगाते हुए बेटे ने धीरे से आगे कहा, "थोड़ा समय लगेगा, पर ठीक कर दूंगा। पुर्जे टूटे नहीं है, बस बिखर गये हैं..."

बिना कुछ बोले, चंद्रप्रकाश धीमे-धीमे चलते हुए कमरे से बाहर निकल आये। विवान वापस अपने काम पर जुट गया।

छठे वेतन आयोग की सिफारिशें लागू होने से पहले सरकारी कर्मचारियों में से, तमाम प्रलोभनों के बावजूद, ईमानदार बने रहे वर्ग के लिए आय तथा व्यय के समीकरण को साधना बड़ा कष्टसाध्य-दुस्साध्य पुरुषार्थ हुआ करता था। अपने पति की इस साधना में बिना किसी शिकायत के निरंतर सहयोग करती आ रही विनीता को एक बात जरूर खलती थी। संगीत से लगाव रखने वाले चंद्रप्रकाश सालों से एक 'टू इन वन' खरीदना चाह रहे थे, पर रोजमर्रे के खर्चों ने ऐसी

व्यूह-रचना कर रखी थी कि राजा टोडरमल जैसा दिमाग भी बचत का कोई सूत्र न पकड़ पाये। गत्ते के एक डिब्बे में पति ने पता नहीं कब के खरीदे हुए कैसेट जमा कर रखे थे और नियम से उन पर जमी हुई धूल को झाड़ती हुई विनीता मन-ही-मन अफसोस करती रहती थी कि इन्हें सुनने की नौबत नहीं आती।

तब वर्तमान बारहवर्षीय विवान बिस्तर में ही पलटी मारकर माँ-बाप को प्रफुल्लित करने वाली अवस्था में था। रोज सुबह उसे निहारकर ही दफ्तर जाने वाले चंद्रप्रकाश से एक दिन विनीता ने पूछा :

'आज दफ्तर से समय से ही आ जाओगे न?'

'क्यों? कोई खास बात है क्या?'

'है तो, तुम्हारा जन्मदिन जो तुम्हें कभी याद नहीं रहता।'

लाड़ दिखाते समय 'आप' से 'तुम' संबोधन पर उतर आती पत्नी का चेहरा बनावटी मखौल से नापते हुए चंद्रप्रकाश बोले, 'चार महीने बाद इस छोटू का जन्मदिन मनाना। मैं कोई बच्चा तो रहा नहीं।'

'ठीक है, ठीक है। बच्चे नहीं हो, बच्चे के बाप हो गये हो। पर जन्मदिन तो जन्मदिन है। आ जाना समय से, तुम्हें बढ़िया-सी खीर ही खिलाकर मना लेंगे।'

और शाम को घर लौटने पर चंद्रप्रकाश को खीर के साथ एक 'सरप्राइज गिफ्ट' मिला :

'टू इन वन।'

दो क्षण खुशीमिश्रित अचंभे से 'टू इन वन' का अवलोकन कर वे पत्नी से बोले, 'पर ये तुम्हें मिला कहां से?'

'दुकान से। खरीद कर लायी हूं।'

'पैसे...'

पति के प्रश्नाकुल वाक्य को बीच में काटकर विनीता बोली, "तुम्हारे ही दिये पैसों से लायी हूं। सब्जी ढाई सौ ग्राम के बजाय दो सौ ग्राम खरीदने पर भी खा ली जाती है। आठ महीने तक सब्जी के खाते में से कटौती करते-करते किसी तरह जुटा ही लिये डेढ़ हजार रुपये।'

'वाऽह। मान गये...8

पति का वाक्य पूरा होने से पहले ही विनीता ने उनका एक प्रिय कैसेट 'टू इन वन' पर चला दिया था।

और वही 'टू इन वन' इतने सालों तक संगीतप्रेमी चंद्रप्रकाश को निर्बाध श्रवणानंद करवाते-करवाते उनके प्रिय बेटे से गिरकर बिखरा पड़ा उसके ही हाथों 'ठीक' होने की प्रक्रिया में था।

इस बीच बेटे की 'कारस्तानी' से अवगत हो चुके चंद्रप्रकाश का चेहरा ही देखकर विनीता को उनके 'अवगत' हो जाने का आभास हो गया।

"अफसोस मत कीजिए। बच्चा ही है। बेचारा तभी से उसको ठीक करने में लगा हुआ है। कोई जान-बूझ कर तो..."

"कितने प्यार से खरीदकर लायीं थीं तुम मेरे लिए।" पत्नी की बात पर चंद्रप्रकाश बस इतना ही बड़बड़ा कर रह गये।

"अब अफसोस करने से क्या होगा। वैसे भी अब लोग सी.डी. से सुनते हैं, कैसेट तो पुराने जमाने की चीज हो गयी। ले लेंगे एक नया सी.डी. प्लेयर।"

"तुम नहीं समझोगी। बात कैसेट-सी.डी. की नहीं है। बात...खैर छोड़ो।"

आखिर विनीता ने 'टू इन वन' के साथ घटी 'दुर्घटना' से ध्यान हटाने के लिए पति से कहा, "चलिए, आप कपड़े बदल लें। खाना लगाती हूं।"

चंद्रप्रकाश जैसे बेमन से उठते हुए एक बार फिर बड़बड़ाये :

"कितने प्यार से खरीदकर लायीं थी तुम..."

पर्याप्त रूप से बड़े हो जाने के कारण स्कूल-बस के स्टॉप तक छोड़ने आने को बेटे द्वारा कई बार अनावश्यक बताये जाने के बावजूद चंद्रप्रकाश सुबह टहलने की अपनी अवधि इस तरह से नियंत्रित करते थे कि उसके बस पकड़ने के समय से पहले पहुंच ही जायें। और वे उसको बस में चढ़ते-चढ़ते कोई-न-कोई निर्देश भी देते थे। आज वे चुपचाप बेटे के साथ चलते हुए आये और चुपचाप ही उसके बस में चढ़ते समय हाथ हिला दिया।

घर लौटकर तथा तैयार होकर दफ्तर के लिए निकलते समय भी उन्होंने पत्नी से यह नहीं पूछा कि 'टू इन वन' को ठीक करने के प्रयास का अंजाम क्या हुआ।

विनीता को पति की उखड़ी हुई मनःस्थिति अखर रही थी, पर उसने इस पर चुप ही रहना बेहतर समझा।

वैसे चंद्रप्रकाश और उनके प्रिय 'टू इन वन' के बीच में विवान की सक्रिय उपस्थिति की शुरुआत चार वर्ष पूर्व हो चुकी थी। छुट्टी के एक दिन चंद्रप्रकाश देर से सोकर उठे, पर उठते ही उनके कानों में जलतरंग बजने की आवाज आयी तो सीधे उस दिशा में चल पड़े।

सुपुत्र मगन भाव से सुनते हुए 'टू इन वन' के सामने बैठे मिले।

"क्या बाजा है यह?" पिता को देखते ही विवान ने पूछा।

"जलतरंग।"

"बड़ा बढ़िया बज रहा है। मैंने ज्योंही स्विच ऑन किया, यह बजने लगा।"

चंद्रप्रकाश ने उसके समझने लायक शब्दावली में जलतरंग के बारे में उसका ज्ञानवर्धन किया और साथ-ही-साथ सोचते रहे कि कहीं कोई घुंडी उलटी घुमाकर वह अच्छे-खासे 'टू इन वन' को ले न बीते।

थोड़ी देर तक बेटे का बाल-रसिक स्वरूप निहारते रहने के बाद चंद्रप्रकाश ने 'टू इन वन' की कार्यपद्धति के बारे में उसको ढंग से समझा देने का प्रयास

किया।

"हां-हां" कर पिता की बात सुन रहे विवान की मुखमुद्रा से उनको थोड़ा शक भी हुआ कि शायद पहले भी कई बार इस पर हाथ आजमा कर पुत्रवर अपना पर्याप्त ज्ञानवर्धन कर चुके हैं।

बहरहाल, धीरे-धीरे वे इस बात के अभ्यस्त हो गये कि 'टू इन वन' का सदुपयोग करने वाले वे इस घर के एकमात्र सदस्य नहीं हैं।

आज शाम को दफ्तर से लौटकर चंद्रप्रकाश ने न मूंगफली मांगी, न चाय। पर विनीता ने मूंग का हलवा बना रखा था। हलवा सामने रखा गया तो चंद्रप्रकाश बोले, "लंगर वाला हलवा है?"

विनीता के चेहरे पर चिढ़ कौंध गयी।

बोली, "गुरुद्वारे के पास रहने का यह मतलब नहीं है कि हलवा खाने के लिए लंगर का इंतजार करते रहें। आज इतने मन से बनाया है मैंने।"

"खास बात है क्या?"

"खास ही बात है। विवान को आज सारे टेस्ट-पेपर्स मिले हैं। इंगलिश को छोड़कर सारे विषयों में क्लास में सबसे अधिक नम्बर उसके ही हैं।"

"वाऽह! कहां है वो?"

"बैठा है अंदर। स्कूल से आने के बाद से पेपर्स दिखाने के लिए आपका इंतजार कर रहा है।" इतना कहकर विनीता ने बेटे को आवाज दी।

विवान हाथ में टेस्ट-पेपर्स लिये हुए दौड़ता आया।

लपककर उसके हाथ से पेपर्स लेकर देखते हुए चंद्रप्रकाश रह-रहकर मुसकराते जा रहे थे। उनके चेहरे पर संतोष झलक-झलक जा रहा था।

सब-कुछ देखने के बाद चंद्रप्रकाश ने बेटे की पीठ पर थपकी मारते हुए कहा, "इतना बढ़िया कर दिखाया। शाबास!"

विवान का चेहरा पिता की शाबासी से खिला ही था कि उन्होंने आगे जोड़ा, "पर इंगलिश में नंबर कम क्यों रह गये?"

विवान ने शरारत-घुली दृष्टि एक क्षण मां की ओर डालते हुए जवाब दिया, "आप ही तो कहते हैं कि मुझे इंजीनियर बनकर दिखाना है, इंगलिश का क्या करना। वैसे तीन बच्चों के ही इंगलिश में मुझसे ज्यादा नंबर हैं।"

"ठीक है। ठीक है।" चंद्रप्रकाश मुसकराये।

विनीता बोली, "आपने इसके दिमाग में आई.आई.टी. की बात ऐसी बैठा दी है कि हर बार अच्छे नंबर आने पर पूछता है कि आई.आई.टी. लायक पढ़ाई हुई कि नहीं।"

चंद्रप्रकाश जोर से हँसे। फिर बोले, "अभी तो आई.आई.टी. के एंट्रेंस में छह साल का समय बाकी है। इसी तरह पढ़ते रहे तो वह भी क्लीयर हो जायेगा।"

विनीता को मन-ही-मन तसल्ली हुई कि पति का कल से खराब हो रहा मूड बेटे के टेस्ट में अच्छा करने से अच्छा तो हुआ।

बारिश होने से चंद्रप्रकाश अपना टहलने का कार्यक्रम स्थगित कर अखबार पढ़े जा रहे थे। विवान स्कूल के लिए तैयार होकर आया और जल्दी-जल्दी दो किताबें बस्ते में ठूंसकर उनके हाथ के अखबार की दूसरी तरफ खड़ा हो गया।

"क्या बात है?" चंद्रप्रकाश ने अखबार हटाते हुए उससे पूछा तो उसने तुरंत उनके हाथ के अखबार को वापस सीधा करते हुए कहा, "आप पढ़ते रहें न। मैं तो पीछे के पन्ने पर स्पोर्ट्स वाली खबरें पढ़ रहा हूं।"

चंद्रप्रकाश अपना अखबार पढ़ना भूलकर उसका पढ़ना निहारने लगे।

"गलत! वह खेल-पत्रकार गलत बोला था।" इतना कहकर विवान कंधे पर बस्ता टांगने लगा।

"कौन पत्रकार?"

पिता के प्रश्न के जवाब में विवान जल्दी-जल्दी बोलने लगा, "अरे वही जो रेडियो की खेल-वार्त्ता में शुक्रवार को बोलने आया था। मुझे सही याद था कि स्पेन ने 2008 में भी फुटबाल का यूरो कप जीता था और जर्मनी को हराकर जीता था।"

इतना कहकर दरवाजे की ओर बढ़ते हुए विवान के पीछे चंद्रप्रकाश छाता लेकर चल दिये।

बस-स्टॉप पर पहुंचते ही बस आती दिखी। "बारिश कम होने लगी है।" कहते हुए विवान ने छाता ले जाने से मना कर दिया। फिर बस की खिड़की के पास मुंह लाकर जोर से बोला, "शाम तक ठीक हो जायेगा।"

उसकी दिशा में हाथ हिलाते हुए चंद्रप्रकाश को एक क्षण समझ में ही नहीं आया कि कहा क्या उसने। फिर वे यह सोचकर द्रवित हो गये कि बेटा 'टू इन वन' को ठीक करने में अब तक लगा हुआ है।

पढ़ाई में विचलनकारी भूमिका के चलते उन्होंने घर में टेलीविजन चलने पर प्रतिबंध लगा रखा था। इसके चलते झक की हद तक खेलप्रेमी बेटा अखबार और रेडियो के सहारे ही अपना खेल-ज्ञान दुरुस्त रखे रहता था। अलग कारण से 'टू इन वन' के गिरने-बिखरने से व्यथित बाप को अब अहसास हुआ था कि बेटा भी तो इसके चलते रेडियो पर अपने प्रिय कार्यक्रम नहीं सुन पा रहा है।

अच्छी बरसात हो जाने से गर्मी के लंबे चले दौर से त्रस्त लोग बड़ी राहत महसूस कर रहे थे। शाम को पति के आने का समय होता देखकर विनीता ने उनकी प्रिय प्याज की पकौड़ियां बनाने की तैयारी शुरू कर दी। चंद्रप्रकाश को

शाम घर पहुंचते ही पकौड़ियों की गंध मिली तो वे पत्नी से प्रसन्न होकर बोले, "सही इंतजाम कर रखा है तुमने इस मौसम में।"

"मैं तो अपने हिसाब से सही इंतजाम ही करने की कोशिश करती हूं।" विनीता मुसकरा दी।

वैसे अलग ढंग से सही इंतजाम तो घर का तीसरा सदस्य भी किये बैठा था।

विवान ने बस इतना इंतजार किया कि पिता चाय-पकौड़ी उदरस्थ कर लें। फिर उसने 'ठीक' हो चुके 'टू इन वन' पर पिता के सबसे प्रिय कैसेट को चला दिया।

परमप्रिय गीत 'रसिक बलमाऽऽऽ' की स्वर-लहरियां कर्णेंद्रिय तक पहुंची नहीं कि चंद्रप्रकाश सुखद आश्चर्य से तरंगित होकर उठे और उनके उद्गम-स्थल तक पहुंच गये।

पिता के अंदर आते ही कुर्सी पर बैठा विवान खड़ा होकर बोला, "आखिर कर दिया न मैंने ठीक!"

संतोष-भरी मुसकराहट से बेटे को जवाब-सा दे तो दिया चंद्रप्रकाश ने, पर गीत का सम्मोहन उन्हें आच्छादित किये हुए था।

गीत पूरा होते ही उनके मुंह से निकला, "आत्मा प्रसन्न हो जाती है, जब-जब इस गीत को सुनता हूं।"

विवान ने एक गहरी नजर पिता के चेहरे पर घुमायी, कुछ मिनटों तक किसी सोच में डूबा-सा रहा और फिर ठहर-ठहरकर बोला, "ये आत्मा होती क्या है?"

"आत्मा क्या होती है!" बेटे के प्रश्न को दोहराकर अब चंद्रप्रकाश सोच में डूब गये। आखिर एक बारहवर्षीय लड़के को आत्मा के बारे में कैसे और क्या बताया जा सकता है! थोड़ी देर बाद उन्होंने विवान से कहा, "देखो, यह समझ पाना बहुत मुश्किल है।"

विवान तड़ से बोल पड़ा, "जब आत्मा को ही समझ पाना बहुत मुश्किल है तो उसके प्रसन्न होने का कैसे पता चल सकता है?"

ऊपर से खिसियानी-सी हँसी हँसकर चंद्रप्रकाश अंदर-ही-अंदर बेटे की तार्किक पद्धति से अभिभूत हो गये।

तभी 'टू इन वन' के ऊपर रखी कोई चीज गिरी तो उनका ध्यान उसकी ओर चला गया।

किसी घुंडी के ऊपर रखा स्केल, किसी दूसरी घुंडी के साथ अड़ाया गया चांदा, एंटीना से लटक रहा सेलोटेप का गोला...

इस तरह से 'सुसज्जित' हो रखे 'टू इन वन' की सज्जा पर चंद्रप्रकाश की टिप्पणी किंचित् आशंका के साथ निकली:

"ये क्या-क्या लपेट रखा है इस पर?"

विवान हँसते हुए बोला, "इसकी टेस्टिंग चल रही है। बैलेंस बना-बनाकर टेस्टिंग कर रहा हूं, तसल्ली हो जाने पर ठीक से कस दूंगा।"

चंद्रप्रकाश सुखद आश्चर्य से लहलहाकर कह उठे, "वाऽह! मान गये कि तुम्हें आई.आई.टी. क्लीयर करने से कोई नहीं रोक सकता।"

तभी विनीता दरवाजे पर अवतरित हुई और पति के वाक्य का सिरा पकड़ कर बोली, "बिना भरपेट खाये आई.आई.टी. की परीक्षा लायक मेहनत नहीं हो सकती। इतनी देर से खाने के लिए आवाज दिये जा रही हूं पर यहां कोई सुनता ही नहीं।"

खाने में विनीता ने मूली के परांठे बना रखे थे और चंद्रप्रकाश मन से खाये भी जा रहे थे। अचानक उनका ध्यान बेटे की ओर गया।

विवान थाली में हाथ रोककर किसी सोच में डूबा-सा हुआ था।

"खाना क्यों नहीं खा रहे?"

पिता के प्रश्न पर हलके से चौंकते हुए उसने एक कौर तोड़ा और मुंह में डाल लिया।

एक परांठा और उदरस्थ करने के बाद चंद्रप्रकाश ने देखा कि विवान तो अभी वही परांठा लिये बैठा है।

"क्या परेशानी है? इतने अच्छे बने परांठे हैं और तुम खा ही नहीं रहे।"

"नहीं...खा रहा हूं।" विवान ने पिता को संतुष्ट करने के प्रयास में एक अपेक्षाकृत बड़ा कौर तोड़ा।

पर चंद्रप्रकाश संतुष्ट नहीं हुए और बोले, "आखिर किस बात से परेशान हो?"

विवान के चेहरे पर एक क्षण झिझक-सी झलकी। फिर वह झटके से बोला, "मीडिया से परेशान हूं।"

"क्या!" चंद्रप्रकाश चकरा गये। फिर हँसते हुए बोले, "मीडिया तुम्हें कैसे परेशान कर सकता है?"

"अभी बताता हूं।" कहकर विवान अंदर के कमरे की ओर भागा।

दो-तीन मिनट बाद विवान अपना एक पुराना स्कूली बस्ता लेकर लौटा। बस्ते से अखबार की पांच-छह कतरनें निकालकर उसने डाइनिंग-टेबल की खाली पड़ी जगह पर फैला दीं।

चंद्रप्रकाश उसे किंचित् अचंभे से देखे जा रहे थे।

"देखिए...पिछले साल के आई.आई.टी. टॉपर के इंटरव्यू! तमाम अखबार छापने के चक्कर में रहते हैं। आप तो मुझे टी.वी. देखने नहीं देते, पर मेरा दोस्त बता रहा था कि उसने इस टॉपर को टी.वी. पर भी इंटरव्यू देते हुए देखा था। मैं तो यह सोच-सोचकर परेशान हो जाता हूं कि जब मैं आई.आई.टी. के एन्ट्रेंस में

टॉप कर जाऊंगा तो मीडिया वाले मुझे भी ऐसे ही परेशान करेंगे।"

"हाऽ हाऽ हाऽ...हाऽ हाऽ हाऽ" बेटे की बात खत्म होते-होते चंद्रप्रकाश को जैसे हँसने का दौरा पड़ गया। पिता की हँसी पर शुरुआती मुसकराहट के बाद विवान भी जोर-जोर से हँसने लगा।

ठहाकों की आवाज विनीता तक पहुंची तो वह दौड़ी चली आयी और परेशान चेहरा बारी-बारी से पति और बेटे की ओर घुमाती हुई कहने लगी, "हँसो मत! हँसो मत! खाते समय हँसने से खाना सरक जायेगा..."

पर ठहाके रुक ही नहीं रहे थे।

# दुस्साध्य

रंजना ने बत्ती जलायी तो पति का पीछे से गंजा हो रहा सिर परावर्तित प्रकाश में पहले से कुछ ज्यादा ही गंजा नजर आया।

"पहले से..." उसके मुंह में आया चुहल-भरा वाक्य अभिषेक के पीछे घूम गये चेहरे का भाव देखकर अधूरा ही रह गया।

"अंधेरे में बैठकर क्या सोचे जा रहे हैं?" रंजना धीरे से बोली।

"कुछ नहीं..."

"आपका चेहरा मुझे ज्यादा ठीक से दिख रहा है कि आपको? आजकल रह-रह कर आप गुमसुम से बैठ जाते हैं। बात क्या हुई है?"

"ये विद्यालय..."

"फिर वही विद्यालय! आपने ठेका ले रखा है विद्यालय को सही ढंग से चलाने का? आप ही अरके के मास्टर बने हैं? बाकी मास्टर सब को देखिए क्या ठाठ से नौकरी भी करते हैं और खेती भी।" रंजना कुछ तेज स्वर में बोल पड़ी।

अभिषेक अब कुछ न बोला। मन-ही-मन सोचने लगा कि ज्यादातर औरतें बस अपने ही स्वार्थ की निगाह से सारी चीजों को देखने की आदी होती हैं।

चौरी गांव में स्थित इस प्राथमिक विद्यालय में हेडमास्टर के रूप में अपनी नियुक्ति के पहले ही दिन जैसे अभिषेक के क्षोभ की नींव पड़ गई थी। विद्यालय में पहले से ही नियुक्त अध्यापिका विनीता से उसने अपनी मेज के पीछे की दीवार पर लिखी इबारत की ओर उंगली उठाते हुए पूछा, "ये किसने लिखवाया?"

"जिनका नाम लिखा है, उन्हीं ने।" जवाब मिला।

"प्रधान पति-संजय प्रताप सिंह" पर दो मिनट अपनी नजरें गड़ाये रखने के बाद अभिषेक फिर विनीता से मुखातिब हुआ :

"प्रधान कौन है?"

"इन्हीं की मेहरारू।"

रोकते-रोकते भी अभिषेक को हँसी आ ही गयी। हँसते हुए बोला, "वो तो ये इबारत जगजाहिर कर ही रही है, पर प्रधान का कोई नाम तो होगा।"

"है कुछ लछमी-वछमी देवी। पर यहां न उसके नाम से किसी को मतलब है न काम से। सारी प्रधानी संजय प्रताप जी चलाते हैं। प्रधान को तो अपने घर

से बाहर ही बहुत कम देखा गया है।"

नियुक्ति को दो-तीन हफ्ते हुए नहीं कि अभिषेक के सामने अध्यापिका की बातों के गूढ़ार्थ खुलने लगे। अभिषेक तथा विनीता ही स्थायी अध्यापक के रूप में नियुक्त थे। उनके अलावा विद्यालय में पढ़ाने के नाम पर दो 'शिक्षामित्र' थे, ग्राम पंचायत के ही क्षेत्र के स्थानीय निवासी जो दस-दस महीने की अस्थायी नियुक्ति पर कई वर्षों से चले आ रहे थे। उनमें से एक तो अपने नाम 'पवन' का सही उच्चारण करता था, पर दूसरा अपने नाम 'सुभाष' को 'सबास' जैसा बोलता था।

'अरे भाई, 'सुभाष' कहा कीजिए। इतने महान् नेता सुभाषचंद्र बोस हुए हैं, मालूम है न!'

बकलोल की तरह अभिषेक का मुंह दो क्षण निहारने के बाद उसने हाथ का रजिस्टर आगे बढ़ाया, "आपका हस्ताछरवा होना है इसमें।"

उसके हाथ से रजिस्टर लेकर अभिषेक ने देखा कि विद्यालय की रंगाई-पुताई, टाट-पट्टी, डेस्क-बेंच इत्यादि से संबंधित खर्च के लिए बनी 'ग्राम शिक्षा निधि' के संयुक्त खाते वाली सारी प्रविष्टियां बाकायदा दर्ज हो चुकी हैं। इस खाते से हेडमास्टर तथा प्रधान, दोनों के हस्ताक्षर से ही धन निकाला जा सकता था, पर तीन दिन पूर्व तक निकाले गये धन की प्रविष्टि बिना उसकी जानकारी के यहां बाकायदा दर्ज थी।

"किसने दर्ज किया ये सब रजिस्टर में?"

"ठाकुर साहब ने।"

"पर इसमें तो प्रधान जी के हस्ताक्षर होने चाहिए न?"

'शिक्षामित्र' सुभाष ने अभिषेक की ओर जैसे तरस से देखा और फिर दाहिने अंगूठे से पिछाड़ी खुजलाते हुए बोला, "करवा लिये हैं न ठाकुर साहब।"

और उसने ग्रामप्रधान के हस्ताक्षर वाले कॉलम पर तर्जनी रखकर एक अर्धगोलाकार आकृति दिखा दी, जिसे अक्षर-ज्ञान करने चले बच्चे की कलाकारी तो माना जा सकता था, पर हस्ताक्षर नहीं।

"येऽऽ हस्ताक्षर है?"

"पुरनका पन्नवा पर भी उहे हस्ताछर है।" और उसने पीछे के पन्ने पलट कर अभिषेक को दिखा दिये।

अध्यापिका विनीता हमेशा समय से विद्यालय पहुंच जाती थी, पर शिक्षामित्र कभी समय से नहीं आते थे। एक दिन अभिषेक ने विनीता से पूछ लिया, "आप भी कहीं पास के गांव से आती हैं क्या?"

"नहीं, शहर से आती हूं। रजहीं गांव तक ही टेंपो आता है। वहां से तीन किलोमीटर पैदल चलकर यहां पहुंचती हूं।"

अभिषेक को सुखद आश्चर्य हुआ। देखने से वह उम्र में उससे तीन-चार साल बड़ी ही लगती थी। किंचित् कष्टसाध्य तरीके से भी समय से विद्यालय पहुंच जाना, धुर पिछड़े तबके के बच्चों से भरे इस विद्यालय के पढ़ाई से प्रत्यक्षतः विमुख 'विद्यार्थियों' की पढ़ाई में रुचि जगाने की भरसक ईमानदार कोशिश करना ...विनीता के आचरण को दिन-प्रतिदिन देखते हुए अभिषेक के मन मे उसके प्रति आदर उपजा। यहां पढ़ाना कितना दुष्कर कार्य है, यह अहसास अपने अध्यापन के चौथे दिन ही अभिषेक को भरपूर हो चुका था। हुआ यह कि पूरी तन्मयता से वह बच्चों को कुछ शब्दों के सही उच्चारण बारंबार दुहरवाकर सिखाने की कोशिश कर रहा था।

तभी

"दैया रे, दैया रे

चुम्मा मांगे, सैंया रे..."

पास के ही किसी घर से पूरी कर्कशता के साथ गाया जाने लगा, पुरुष स्वर में।

बच्चों के सिर तत्काल उसी दिशा में घूम गये, कुछ 'खिह् खिह्' कर हँसते हुए एक-दूसरे को आंख भी मारने लगे।

"सीधे बैठो...सीधे बैठो" कहकर उन्हें डांटते हुए अभिषेक कुछ हद तक उन्हें वापस पढ़ाई की ओर खींचने में सफल तो हो गया था, पर मूड उसका सिरे से उखड़ ही गया।

उसी दिन घटना का घर पर बखान करने पर उसे पत्नी से सुनने को मिला था:

"अरे, ऐसे विद्यालय में किसी ढंग के घर का बच्चा थोड़े ही पढ़ने जाता है।"

और अपने बच्चों को 'ढंग के' यानी अंग्रेजी माध्यम वाले विद्यालय में पढ़ाने का अपराधबोध नये सिरे से अभिषेक को कोंच गया था।

विद्यालय की पढ़ाई के स्तर को अभिषेक द्वारा गंभीरता से लिया जाता देखकर विनीता ने पहले की अपेक्षा अधिक उत्साह से पढ़ाना तो आरंभ कर ही दिया था, बच्चों में विषय के प्रति रुझान पैदा करने के अभिषेक द्वारा सुझाये गये नवोन्मेषी तरीकों को भी अमल में लाने की कोशिश की। शिक्षामित्रों में से पवन ने भी शुरुआती उदासीनता के बाद अपने सामर्थ्य के अनुसार सहयोग किया, पर सुभाष वैसा ही लद्धड़ बना रहा।

कुछ महीनों के बाद अभिषेक के पास जब एक-दो बच्चे अपनी जिज्ञासाएं लेकर आने लगे तो उसे लगा कि उसकी पहल ने कुछ प्रभाव तो दिखाया ही।

लेकिन आधा सत्र बीतते-बीतते उसके सामने एक विचलित कर देने वाला दृश्य आ खड़ा हुआ।

लगभग एक-तिहाई बच्चों ने विद्यालय आना ही छोड़ दिया। विनीता ने तब खुलासा किया, "ये बच्चे विद्यालय सिर्फ पिछड़े वर्ग के बच्चों को मिलने वाले वजीफे के लालच में आ रहे थे। जहां उसका भुगतान हुआ, ये विद्यालय की ओर देखते भी नहीं।"

"पर उनके माँ-बाप कैसे..."

"उनके माँ-बाप ही तो भेजना बंद कर देते हैं।"

विनीता की बात पर अभिषेक एक फीकी-सी हँसी हँस दिया और बुदबुदाया, "जो भी थोड़ी-बहुत अध्यापकी मैंने की है उसमें ऐसा विद्यालय और ऐसे अभिभावक पहली बार देखने को मिले।"

विनीता ने उसे थोड़ा गौर से देखा और फिर कहा, "आप तो तब भी गांव की पृष्ठभूमि के हैं, पर मेरे बारे में सोचिए। सारी पढ़ाई शहर में करने के बाद नौकरी गांव में लगी और वह भी ऐसे विद्यालय में। रोज जब घर से विद्यालय के लिए निकलती हूं तो जैसे सिर पर..."

सुभाष को इधर आते हुए देखकर उसने वाक्य को अधूरा ही छोड़ दिया।

छब्बीस जनवरी निकट थी और विद्यालय में इस उपलक्ष्य में हर वर्ष एक छोटा-सा सांस्कृतिक कार्यक्रम आयोजित किया जाता था। अभिषेक ने सोचा कि, थोड़ा अलग हटकर, अपेक्षाकृत वंचित पृष्ठभूमि से आकर भी अपनी लगन तथा प्रतिभा की बदौलत देश का नाम रोशन करने वाले कुछ भारतीयों पर केंद्रित प्रेरणास्पद कार्यक्रम आयोजित किया जाये।

जो बालक-बालिकाएं कार्यक्रम के लिए चुने गये उनमें से विशेषकर कुछ बालिकाओं की स्कूल-ड्रेस बदरंग दिखी तो अभिषेक ने विनीता से कहा, "जहां तक मुझे मालूम है 'ग्राम शिक्षा निधि' से बालिकाओं को हर साल सलवार-कुर्ते की ड्रेस दिलवाने का प्रावधान है।"

"वो तो है ही।"

"तब इनकी ड्रेस का ये हाल क्यों है?"

"क्योंकि दो साल से कागज में ही ड्रेस दी गयी है।" विनीता के चेहरे पर चिढ़ कौंध गयी।

"हूंऽऽ।" अभिषेक इन सब बातों पर बड़ी दुविधा में पड़ जाता था। पढ़ाई-लिखाई सुधारने पर ध्यान दे कि इस फर्जीवाड़े की पोल खोलने पर भिड़े! वैसे भी पत्नी का निषेधात्मक ब्रह्मवाक्य-'आपने ठेका ले रखा है विद्यालय को सही ढंग से चलाने का?'-अवचेतन में रह-रहकर हथौड़ा मार देता था।

पर कुछ देर तक सोच में डूबे रहने के बाद वह बोल ही पड़ा, "जब से

विद्यालय में आया हूं, कभी प्रधान से मिलने की कोशिश नहीं की। इसी मुद्दे पर मिलकर देखता हूं कि उनकी कहां तक सहमति है इस..."

"नहीं, नहीं। आपका जाकर उनसे मिलना उचित नहीं होगा।" विनीता ने उसकी बात काटी।

"क्यों?"

"अपनी कक्षा लेने के बाद बताती हूं आपको।"

"हां, हां। कक्षा में जायें पहले।"

आधे घंटे तक विनीता का पढ़ाना गुंजायमान होता रहा। इस बीच हाजिरी-रजिस्टर खोलकर बैठा हुआ अभिषेक वजीफा पाने के बाद से विद्यालय न आ रहे बच्चों का प्रतिशत निकालने बैठ गया। सत्ताईस में से बाईस बच्चे यानी इक्यासी प्रतिशत!

इतनी ज्यादा अनुपस्थिति पर उदास होते-होते एक दूसरा तथ्य उसकी आंखों के सामने कौंध गया।

पांच बच्चे तो डटे हुए हैं पढ़ने!

तभी कक्षा से लौट कर विनीता बोली, "आप तो गांवों का वातावरण मुझसे बेहतर समझते हैं। मैं महिला हूं, मुझे ही उस महिला से बात करने दें।"

"पर उनके पति महोदय वहां मिल गये तो आप उनसे क्या बात कर पायेंगी?"

"कोशिश करने में कोई हर्ज नहीं है। दो साल से यहां पढ़ा रही हूं। आपसे पहले वाले हेडमास्टर तो प्रधान-पति के साझीदार बने हुए थे। अब आपका हौसला देखकर मुझे भी थोड़ा हौसला हुआ है।"

अभिषेक के माथे पर पहले चिंता की कुछ रेखाएं उभरीं। फिर उसने सामने से आ रहे पवन को आवाज देकर बुलाया तथा कहा, "कल इनके साथ जरा ठाकुर साहब के घर दोपहर में हो आना। कार्यक्रम के बारे में बात करनी है। समझ गये?"

पवन ने बिना कुछ समझे ही सहमति में मुंडी हिला दी।

दूसरे दिन अप्रत्याशित रूप से अपने मिशन में सफल होकर विनीता ने स्वयम् प्रधान के दस्तखत करवा लिये तथा आनन-फानन में ड्रेस के कपड़े की खरीद संपन्न कर लड़कियों में वितरित करने का काम भी करने लगी। दो दिन बाद कार्यक्रम की रिहर्सल के दौरान लड़कियों का नयी ड्रेस में आना भी तय हो गया।

कार्यक्रम की नवोन्मेषी परिकल्पना ने कई बच्चों में उत्साह का संचार कर दिया था तथा आवश्यक वस्तुओं में कुछ तो वे अपने बालसुलभ जुगाड़ से बटोर भी लाये। अभिषेक के लिए सुखद आश्चर्य के रूप में एक-दो अभिभावक भी ठेठ गंवई अंदाज में 'गनतंतर' मनाने में अपने सहयोग का वायदा करने चले आये।

"ये सब आपकी पहल का नतीजा है, विशेषकर आवश्यक राशि का प्रबंध।"

अभिषेक ने विनीता से कहा।

"नहीं, उस दिन प्रधान जी के पति के दूर रिश्तेदारी में गये रहने के संयोग का नतीजा है।"

विनीता के जवाब पर अभिषेक के मन में आशंका की एक लहर उठी, "कहीं प्रधान का पति वापस पहुंचकर खिसियाहट में कोई बवाल न कर बैठे...।" अभी तक वह उस व्यक्ति से सावधानीपूर्वक न सिर्फ एक दूरी बनाये रखने में कामयाब रहा था, बल्कि विद्यालय के किसी भी मसले पर उसकी दखलंदाजी की आमने-सामने वाली स्थिति भी न बनने दी थी। पर यह पहला ही अवसर था जब उसके कार्यकाल में 'ग्राम शिक्षा निधि' से कोई धनराशि बिना 'प्रधान-पति' की जानकारी के खर्च हुई थी।

सोचते-सोचते अभिषेक झटके से बोल पड़ा, "खैर! जो होगा, देखेंगे। अभी तो आप बच्चों के रिहर्सल पर ध्यान दें।"

"हां, वो तो कर ही रही हूं।" विनीता बोली। फिर जैसे कुछ अचानक याद आ जाने पर उसने आगे जोड़ा, "मैं तो प्रधान जी से छब्बीस जनवरी को मुख्य अतिथि बनने के लिए आग्रह भी कर आयी हूं।"

"अच्छा! मान गयीं आने को?"

"'क्या बतायें...आप तो जानते ही हैं। हम घर ही में ठीक हैं, बारंबार सुनने को मिला। पर आग्रह तो मैं कर ही आयी हूं।"

"ठीऽऽ क है।" अभिषेक जैसे एक मानसिक थकान से उबरने की कोशिश करता हुआ बोला।

रात में कुछ समय निकालकर अभिषेक अपने बच्चों की पढ़ाई पर भी ध्यान देता था। लड़के को पढ़ाते-पढ़ाते उसके मुंह से निकला, "मेरे पांच बार सिखाने के बावजूद तुमने वही गलती कर डाली! तुमसे अच्छे तो मेरे विद्यालय के प्राथमिक स्तर..."

पीछे ही खड़ी पत्नी ने तड़ से उसकी बात काट दी, "वही जाहिल-जपाट सब मिले हैं उदाहरण देने को?"

अभिषेक के चेहरे पर खीझ झलकी। फिर वह बोला, "कोई पैदाइशी जाहिल-जपाट नहीं होता। मैंने उनकी पढ़ाई-लिखाई को थोड़ा रोचक बना दिया है तो वही बच्चे कभी-कभी अपनी जिज्ञासाओं से मुझे..."

"बस! बस! विद्यालय की बात विद्यालय में ही छोड़ आया कीजिए।" पत्नी ने फिर अभिषेक की बात काट दी।

वापस बच्चे की पढ़ाई पर लौटते हुए वह बड़बड़ाया, "सारी दिक्कत यह मान लेने में है कि जो जैसा है वैसा ही हमेशा रहेगा।"

शायद बच्चों को भी यह विश्वास नहीं हो पा रहा था कि ये वही विद्यालय

है, वे वही विद्यार्थी हैं। चारों ओर रंग-बिरंगी झंडियां लगी हुई थीं तथा रिहर्सल के लिए सजे-धजे बच्चे एक-दूसरे के कपड़े छू-छूकर जैसे तसल्ली करने में लगे थे कि हकीकत में ही उन्होंने ढंग के कपड़े पहन रखे हैं। कार्यक्रम के शुरू में होने वाले गायन की प्रैक्टिस, सपाट गायकी के बजाय, उचित-उचित स्थल पर आरोह-अवरोह के साथ विनीता करवा रही थी, जिसकी ध्वनि कानों तक पहुंचते ही आते-जाते लोग भी मुसकराकर इधर देखने लगते थे।

एक बुजुर्ग रुककर देर से बच्चों को रिहर्सल करते देख रहे थे तथा बीच-बीच में मुसकरा भी रहे थे। अचानक ही विनीता की दृष्टि उनकी ओर पड़ गयी तो वह लपककर गयी तथा अभिषेक से मिलवाते हुए बोली, "श्री रामजन्म मिश्र जी, रिटायर्ड इंसपेक्टर। आप रिटायर होने के बाद अपने गांव में ही रह रहे हैं।"

हाथ जोड़कर उनका अभिवादन करते हुए अभिषेक ने अपना परिचय दिया और कहा, "आप जैसे लोगों के ही मार्गदर्शन की जरूरत है हमें।"

बुजुर्ग बोले, "आपने तो इन बच्चों का कायापलट कर दिया है। सालों बाद इस गांव में कुछ ऐसा दिखा जिससे आंतरिक खुशी हुई।"

कुछ देर बाद मिश्र जी चले गये तो विनीता ने अभिषेक को बताया, "अलग तरह के आदमी हैं मिश्र जी। उनका इतना कहना हमारे लिए बेहद उत्साहवर्धक है।"

"पहले मुलाकात हुई होती तो..."

अभिषेक की बात काटकर विनीता ने कहा, "वे किसी के यहां नहीं जाते। घर पर चुपचाप किताबें पढ़ने में लगे रहते हैं। ज्यादातर गांव वाले उन्हें एक अजूबा ही समझते हैं।"

"शायद आज के युग में जो भी ढंग का काम करे, उसे अजूबा समझा जाता है।" कहकर अभिषेक एक फीकी-सी हँसी हँस दिया।

रिहर्सल कर रहे बच्चों को एक छोटी-सी अवधि के लिए आराम दे दिया गया था तथा इस दौरान वे अभिषेक द्वारा अपनी जेब से खरीदे गये अल्पाहार को एक नियामत की तरह महसूस करते हुए खाये जा रहे थे। दो-तीन बच्चे रिहर्सल की भंगिमाओं को मगन भाव से एक-दूसरे को ही दिखाते हुए इधर-से-उधर विचर रहे थे।

"साली, कुतिया! तेरी हिम्मत कैसे हुई मेरी पत्नी से रजिस्टर पर हस्ताक्षर करवाने की?" बेहद कर्कश स्वर में कहा गया यह वाक्य अचानक ही उच्चारित हुआ तो बच्चों ने हकबकाकर उस दिशा में नजरें घुमायीं।

संजय प्रताप रौद्र रूप में लगभग वीभत्स हो चुकी मुखमुद्रा में विनीता के सामने आकर खड़ा हो गया था।

कुछ बच्चे खाने की सामग्री वहीं छोड़कर भाग चले तो कुछ ज्यादा ही छोटे बच्चे रोना भी चालू कर दिये। अभिषेक कुछ दूरी पर खड़ा हुआ पवन को कार्यक्रम के बारे में कुछ समझाये जा रहा था। जब तक वह पलटकर विनीता के पास पहुंचा, विनीता रुंधे गले से संजय प्रताप से कह चुकी थी, "लड़कियों के लिए ड्रेस खरीदने का पैसा निधि से ही तो निकलेगा। प्रधान जी का हस्ताक्षर तो चाहिए ही।"

"चोऽऽप्प्! कुतिया। पहली बार निधि से पैसा निकलने जा रहा था क्या..."

वहां पहुंच चुके अभिषेक ने दृढ़ पर नम्र स्वर में कहा, "देखिए, महाशय! यह विद्यालय तथा प्रधान जी के अधिकार-क्षेत्र में आने वाला मामला है। आप इसमें क्यों बेवजह बवाल..."

"मैं प्रधान-पति हूं।" उसकी बात काटकर संजय प्रताप गुर्राया।

"ऐसा कोई पद मेरी जानकारी में नहीं है।"

"ओऽऽ! ओऽऽ! कल के लौंडे मुझे कानून पढ़ाने चले हैं!"

फिर भरसक विनम्रता से ही अभिषेक ने कहा, "माफ कीजिएगा, विद्यालय की निधि के मामले में प्रधान जी ही सक्षम हैं। सारा काम नियम-कानून से हुआ है। बच्चों के सामने बेवजह आप एक महिला से अभद्र भाषा में बात न करें।"

"महिलाऽ ऽ! महिलाऽ ऽ!" मखौल से दोहराता हुआ संजय प्रताप अचानक ही जूता निकालकर विनीता पर झपटा, "तू ही सारी खुराफात की जड़ है।"

तत्काल उसके सामने आ गये अभिषेक ने अपनी मजबूत हथेली में उसकी कलाई थामते हुए कहा, "बस! बहुत तमाशा कर लिया आपने।"

"अच्छा! मेरे ही गांव में तू मुझसे बाजने चला है! तुम दोनों के लपट-सपट से गांव में गंदगी..."

"खबरदार! चरित्रहनन का प्रयास न करें।" अभिषेक लगभग गरज पड़ा।

"लग गयी बात? लपट-सपट करते समय नहीं..."

"खबरदार!"

"क्या कर लेगा तू? इसी गांव में खोद कर तुझे और तेरी..."

अब जैसे अभिषेक का सारा खून उसके माथे पर चढ़ गया। गुस्से से कांपता हुआ बोला, "धुरहू-कतवारू समझ रखा है मुझे? सिर्फ तैंतीस किलोमीटर दूर है मेरा गांव भी। मेरे चाचा चतुरानन सिंह मल्ल का नाम सुना है? औकात है तुम्हारी मुझे खोद के गाड़ने की?"

चतुरानन सिंह मल्ल का नाम सुनते ही संजय प्रताप को जैसे सांप सूंघ गया। चोर निगाहों से दायें-बायें देखते हुए वह बुदबुदाया, "पहले पता होता तो..."

विनीता ने कातर निगाहों से बच्चों से लगभग खाली हो गये विद्यालय के परिसर को देखा। इस बीच क्रोध के अपने उफान पर जैसे एक तरह की असहजता से जूझ रहा अभिषेक बच्चों का छूट गया सामान बटोर-बटोरकर एक जगह रखने लगा। चुपके से खिसक गये संजय प्रताप पर उसका ध्यान तक नहीं गया।

अपने बच्चों को सूजी का हलवा खिला देने के बाद तश्तरी में हलवा लेकर रंजना जब अभिषेक के पास पहुंची तभी पति का बेहद उदास हो रखा चेहरा उसकी दृष्टि के दायरे में दर्ज हुआ।

"फिर वही विद्यालय होगा तुम्हारे..."

पत्नी का वाक्य पूरा होने से पहले ही अभिषेक फूट पड़ा।

सारा वाकया सुनते-सुनते रंजना का चेहरा लाल होता जा रहा था। चाहे जो हो जाये, पति का अपमान वह बर्दाश्त नहीं कर सकती थी। अचानक वह चिल्ला ही पड़ी, "दही जमा हुआ था आपके हाथ में? धुनकर क्यों नहीं रख दिये उसे वहीं पर?"

अभिषेक के चेहरे पर उदासी और ज्यादा गहरा गयी। आहिस्ते से बोला, "मैं तो उससे उतना ही कहकर पछता रहा हूं। मुझे अपने ऊपर संयम रखने की जरूरत थी। एक अध्यापक की बहुत बड़ी जिम्मेदारी होती है विद्यार्थियों को उचित संस्कार देने की। इतने महीनों में बच्चों पर की गई मेरी सारी मेहनत धमकी का जवाब धमकी से देने में बर्बाद हो गयी।"

कुछ क्षणों तक उसे किंचित् अविश्वास से देखने के बाद रंजना बोली, "संस्कार का ठेका ऊपर वाले ने आपको ही तो दिया है। तबादला-दर-तबादला पांच साल की छोटी-सी नौकरी में झेलने के बाद भी वही राग। घूमते रहिए इस रद्दी विद्यालय से उस रद्दी विद्यालय के बीच चकरघिन्नी की तरह।"

•••